와글와글 사이언스툰

생물

폴 메이슨 글 | 제스 브래들리 그림 | 이한음 옮김

동물, 식물, 인체의
요모조모를 살펴볼까요?

시공주니어

와글와글 사이언스툰 ❶ 생물

초판 1쇄 인쇄일 2023년 2월 10일
초판 1쇄 발행일 2023년 2월 25일

글 폴 메이슨 **그림** 제스 브래들리 **옮김** 이한음

발행인 윤호권 **사업총괄** 정유한
편집 이지혜(김이슬) **디자인** 정은경, 정은지 **마케팅** 서승아
발행처 ㈜시공사 **주소** 서울시 성동구 상원1길 22, 6-8층 (우편번호 04779)
대표전화 02-3486-6877 **팩스(주문)** 02-585-1247
홈페이지 www.sigongsa.com / www.sigongjunior.com

COMIC STRIP SCIENCE: BIOLOGY
Text by Paul Mason
Illustrations by Jess Bradley
First published in Great Britain in 2022 by Wayland,
an imprint of Hachette Children's Group, part of Hodder & Stoughton Limited
Copyright © Hodder & Stoughton Limited, 2022
Korean edition copyright © Sigongsa Co., Ltd., 2023
This Korean edition published by arrangement with Hodder & Stoughton Limited, on behalf of its publishing imprint
Wayland, a division of Hachette Children's Group, through Shinwon Agency Co., Seoul.

이 책의 한국어판 저작권은 신원에이전시를 통해 저작권자와 독점 계약한 ㈜시공사에 있습니다.
저작권법에 의해 한국 내에서 보호를 받는 저작물이므로 무단 전재와 무단 복제를 금합니다.

ISBN 979-11-6925-597-4 74400
ISBN 979-11-6925-596-7 74400(세트)

*시공사는 시공간을 넘는 무한한 콘텐츠 세상을 만듭니다.
*시공사는 더 나은 내일을 함께 만들 여러분의 소중한 의견을 기다립니다.
*잘못 만들어진 책은 구입하신 곳에서 바꾸어 드립니다.

KC 마크는 이 제품이 공통안전기준에 적합하였음을 의미합니다.
제조국 : 대한민국 사용 연령 : 8세 이상
책장에 손이 베이지 않게, 모서리에 다치지 않게 주의하세요.

차례

생물학이란 무엇일까? 4
생물의 분류 6

동물

놀라운 재순환 초식 동물 8
너무나 위험한 밤 포식자 10
단단한 껍데기 포식자로부터 몸을 보호하기 12
물이 필요해 동물이 물을 얻는 법 14
물고기 오줌에서 헤엄치기 짠물과 민물 16
아기 곰의 대행진 포유류의 한살이 18
아기 청개구리의 신기한 여행 양서류의 한살이 20
나비의 4단 변신 곤충의 한살이 22
아기 바다오리의 불편한 잠자리 조류의 한살이 24
바다에서의 식사 시간 먹이 사슬 26

식물

땅속에서 살아남기 식물의 성장 과정 28
가장 고약한 식물 꽃의 역할 30
유혹하는 꽃 꽃가루 퍼뜨리기 32
코코넛의 대모험 씨 퍼뜨리기 34

양치기나무의 고된 삶 뿌리 36
나무땃쥐와 쓸모 있는 똥 식물의 양분 38
식물과 지구 온실 효과 40

동물과 식물

변하는 세계 기후 변화와 그 영향 42

사람의 몸

지방 덩어리 관리자 뇌 44
사람과 해파리의 차이점 뼈와 뼈대 46
팔씨름 챔피언이 되는 법 근육 48
보기보다 복잡한 재채기 질병과 허파 50
코브라와의 깜짝 만남 심장과 순환계 52
적혈구의 생애 피의 기능 54
감자칩의 끔찍한 여행 소화 56
잘 먹기 음식과 영양 58
한 사람의 일생 사람의 성장 과정 60

낱말 풀이 62
찾아보기 64

생물학이란 무엇일까?

생물학은 말 그대로 생물을 연구하는 과학이에요. 과학은 세상이 어떻게 돌아가는지 설명하지요. 즉, 생물학은 생물이 어떻게 활동하는지 설명하는 학문이에요.
그렇다면 과학 탐구는 어떻게 하는 걸까요? 과학 탐구는 먼저 질문을 하는 것으로 시작해요. 예를 들면 이런 질문을 해 볼 수 있겠지요. 이 일은 어떻게 일어날까? 왜 일어나는 걸까?

동물, 식물, 그리고 사람

이 책에는 동물, 식물, 사람이 나와요. 그들의 생명 활동을 만화로 보여 주지요.

이 책을 통해 많은 과학 지식을 배우고, 생물들이 어떻게 생명 활동을 하는지 알아봐요.

생물의 분류

생물은 분류 체계로 나누어서 설명해요. 생물들이 어떻게 분류되는지 보면 많은 것을 알 수 있지요. 서로 어떻게 닮았는지, 어떻게 다른지도요.

개의 분류

계	문	강
동물일까, 식물일까? 잎이 달려 있을까?	등뼈가 있을까?	새끼에게 젖을 먹일까?
아니. 그럼 동물계에 속해.	응. 그럼 척삭동물문에 속해.	맞아! 그럼 틀림없이 포유강에 속해.

동물이란 무엇일까?

동물계에 속한 생물들에는 이런 특징이 있어요.

- 몸에서 스스로 먹이를 만들 수 없어요. 그래서 살아가려면 다른 생물을 먹어야 해요.
- 산소 호흡을 해요.
- 여기저기 돌아다닐 수 있어요.

식물과 동물을 비교해 보면 분류할 때 닮은 점과 다른 점이 아주 중요하다는 것을 알 수 있어요.

식물이란 무엇일까?

식물계에 속한 생물들에는 이런 특징이 있어요.

- 광합성(28쪽을 봐요)을 통해서 스스로 먹이를 만들 수 있어요.
- 이산화탄소를 흡수해서 광합성을 해요.
- 여기저기 돌아다닐 수 없어요.

놀라운 재순환
초식 동물

풀 같은 식물에는 영양소가 그리 많지 않아요. 그래서 초식 동물인 토끼는 영리하게 풀에 든 영양소를 남김없이 짜낼 방법을 찾아냈어요. 좀 지저분하지만요.

응가하거나, 토하거나

토끼는 똥을 눈 뒤에 그 똥을 다시 먹어요. 남은 영양소를 모조리 다 빨아들이기 위해서예요. 몇몇 초식 동물은 먹이를 게워 냈다가 다시 씹어서 삼키기도 해요. 되새김질을 하는 거지요. 사슴, 소, 염소, 기린이 그렇게 해요.

방귀가 뿡!

식물에는 셀룰로스라는 물질이 많이 들어 있어요. 초식 동물의 창자에 사는 세균들은 셀룰로스를 분해해서 에너지를 얻지요. 이때 기체가 많이 생겨요. 초식 동물은 방귀를 뀌어서 이 기체를 내보내요. (뿡!)

초식 동물의 이빨

식물은 소화하기가 어려워요. 그래서 초식 동물은 대부분 크고 납작한 이빨을 가졌어요. 튼튼한 이빨로 식물을 짓이겨서 잘게 간 뒤에 삼켜서 소화시키지요.

수백만 년 전 초식 공룡의 이빨도 오늘날 초식 동물의 이빨과 비슷했어요.

토끼는 밤에 싼 똥을 다시 먹어요. 영양소가 조금 남아 있거든요.

이 똥은 집 밖에 싸요. 토끼도 예의를 알거든요.

위장이 몇 개?

몇몇 초식 동물은 위장이 4개로 나뉘어 있어요. 삼킨 먹이를 게워 내고, 다시 씹어서 다음 위장으로 보내지요. 그러니까 같은 먹이를 세 번까지 씹어 삼키는 거예요. 으.

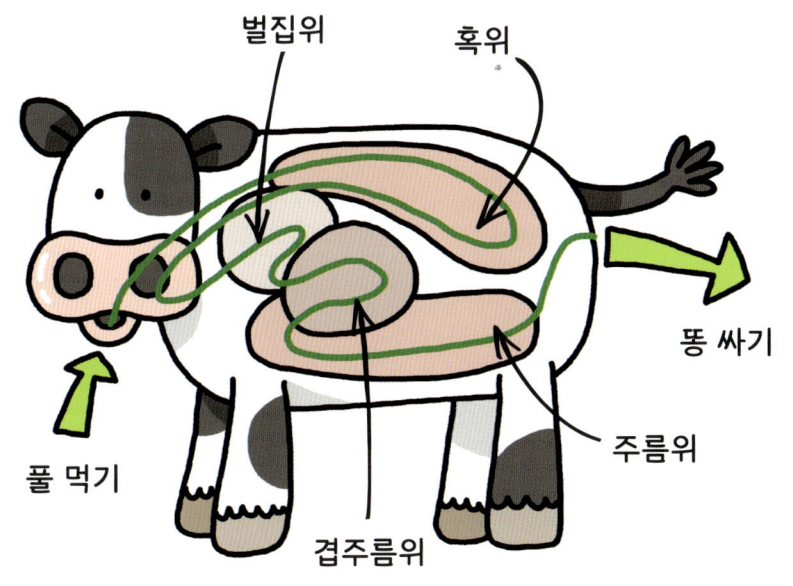

너무나 위험한 밤
포식자

잘 시간이 되어도 자러 가고 싶지 않을 때가 많지요? 그런데 닭은 밤늦게까지 깨어 있으면 안 돼요. 정말 위험해질 수 있거든요.

포식자의 눈

여우 같은 포식자는 대부분 '양안시'를 가졌어요. 양안시란, 두 눈이 앞쪽을 향해 있다는 뜻이에요. 양쪽 눈으로 보면 먹잇감이 얼마나 멀리 떨어져 있는지 거리를 잘 파악할 수 있어요.

닭 같은 동물들은 고개를 돌리며 주위를 살피곤 해요. 포식자가 앞에서 올 수도 있고 뒤에서 덮칠 수도 있으니까요.

곰은 블러드하운드 (개의 한 종류)보다 후각이 7배나 더 뛰어나요.

냄새로 사냥하기

포식자들은 대부분 냄새로 먹이를 찾아요. 특히 곰은 후각이 뛰어난 동물이지요.

- 북극곰은 눈 속 1m 깊이에 숨은 물범의 냄새도 맡을 수 있어요.
- 회색곰은 5km 떨어진 곳에 있는 동물도 냄새로 추적할 수 있어요.

맛있겠다!

흠, 꽤 컴컴해졌네…

덥석!

꼭!

여우는 대부분 먹이를 잡으면 그 자리에서 일부만 먹고, 나머지는 저장했다가 나중에 먹곤 해요.

이걸 어디다 숨겨 둘까?

이빨로 꽉!

여우의 입 앞쪽에는 날카롭고 뾰족한 이빨이 있어요. 송곳니지요. 이 이빨은 먹이를 꽉 물어서 달아나지 못하게 해요. 대부분의 포식자는 여우의 송곳니와 비슷한 이빨을 갖고 있어요. 날카로운 이빨은 미끈거리는 먹이를 사냥할 때 특히 좋아요. 악어, 상어, 돌고래가 이런 이빨을 가졌지요.

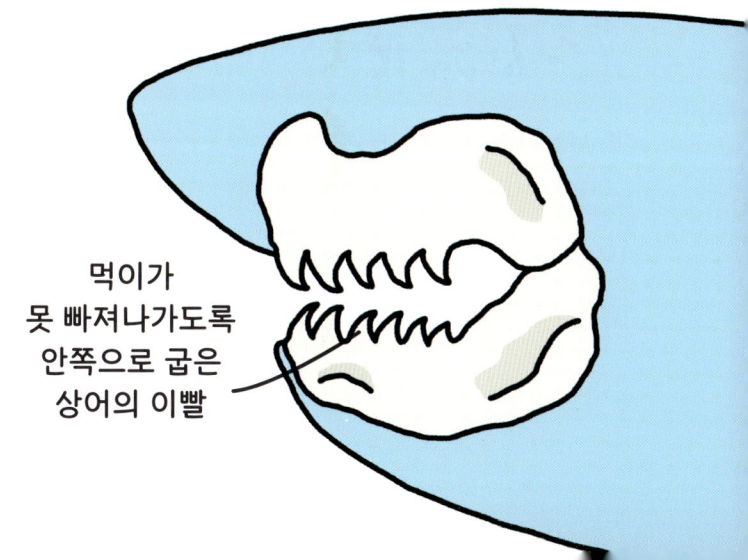

먹이가 못 빠져나가도록 안쪽으로 굽은 상어의 이빨

단단한 껍데기
포식자로부터 몸을 보호하기

동물들은 스스로를 지켜야 해요. 그런데 발톱도 송곳니도 없고, 최고 속도도 시속 1.5km밖에 안 된다면 어떻게 해야 할까요?

보호 수단 1: 속도

어떤 동물은 빠른 속도로 스스로를 지켜요. 포식자를 알아차리면 빠르게 달아나지요. 사자는 짧은 거리를 시속 80km로 달릴 수 있어요. 하지만 사자가 좋아하는 먹이인 임팔라는 시속 88km로 달려 도망칠 수 있답니다.

보호 수단 2: 위장술

일부 동물은 주변 환경과 잘 섞여서 눈에 띄지 않게 위장해요. 굶주린 포식자가 알아차리지 못하고 지나칠 정도지요. 주로 색깔이나 무늬로 위장하는데, 가면침노린재처럼 모래로 몸을 덮어서 숨을 수도 있어요.

보호 수단 3: 갑옷

거북만 갑옷 같은 등딱지로 몸을 감싸서 보호하는 건 아니예요. 아르마딜로, 천산갑, 몇몇 파충류에게도 몸을 지켜 주는 비늘 갑옷이 있지요. 인도코뿔소는 갑옷 역할을 하는 단단하고 두꺼운 피부판이 몸을 감싸서 웬만한 공격에도 끄떡없어요.

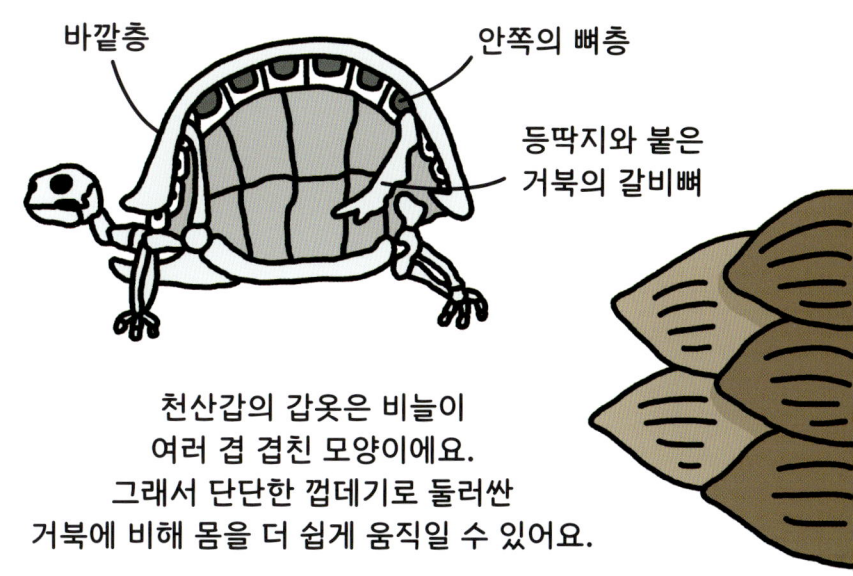

천산갑의 갑옷은 비늘이 여러 겹 겹친 모양이에요. 그래서 단단한 껍데기로 둘러싼 거북에 비해 몸을 더 쉽게 움직일 수 있어요.

등딱지는 아주 단단해서 포식자의 이빨에 뚫리지 않아요.

아야!

흥, 소용없어.

거북의 배딱지는 등딱지보다 부드러워요. 포식자가 거북을 뒤집는다면, 잡아먹을 수도…

끄으으응

하지만 몇몇 거북은 아주 무거워요.

이제 나가도 괜찮지 않을까?

아직 아니야.

보호 수단 4: 독

몇몇 동물은 독으로 자신을 지켜요. 독화살개구리는 피부에 독이 있어요. 이 작은 개구리 한 마리가 지닌 독으로 사람 10명이 죽을 수도 있답니다.

독이 있는 동물은 선명한 색깔을 띠곤 해요. 색으로 경고하는 거지요.

물이 필요해
동물이 물을 얻는 법

사람 몸의 약 60%는 물이에요.
하루에 몇 번씩 물을 보충해야 하지요.*
하지만 사람과 달리 물 없이 아주
오랫동안 견딜 수 있는 동물도 있어요.

* 우리는 땀, 호흡, 대소변으로 하루에 약 1-2L의
  물을 몸 밖으로 내보내요.

물이 하는 일

동물의 몸에서 물은 많은 일을 해요.

- 물은 대부분 세포 안에 있어요. 세포는 모든 생물을 이루는 기본 단위예요.
- 피는 주로 물로 되어 있고, 온몸으로 에너지와 영양소를 운반해요.
- 물은 체온 조절과 소화를 도와요. 관절이 매끄럽게 움직일 수 있게 돕기도 하지요.

단순한 동물 세포

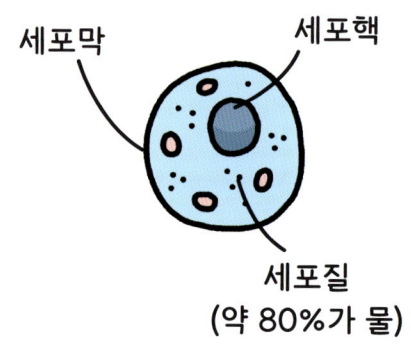

세포막 / 세포핵 / 세포질 (약 80%가 물)

낙타는 물 없이 몇 주 동안 지낼 수 있어요. "맞아, 진짜야."	기회가 있을 때, 낙타는 많이 먹고 마셔서 혹을 지방으로 꽉 채워요. 불룩해진 혹 꿀꺽! 꿀꺽!	사막에서는 먹이와 물을 찾기가 무척 어렵거든요. "휴, 너무 더워." "난 괜찮은데."

짠물을 마시는 낙타

야생 낙타는 중국과 몽골에 살아요. 다른 낙타와는 종이 구별되는 낙타인데, 다른 모든 낙타의 조상이라고 여겨져요. 야생 낙타가 사는 곳에는 민물이 거의 없지만, 그들에게는 놀라운 생존 비결이 있어요. 바로, 짠물을 마실 수 있다는 거예요. 바닷물보다 짠물도요. 대부분의 동물은 짠물을 마시면 오히려 물을 빼앗기고 탈수 증상이 일어날 수도 있어요. 하지만 야생 낙타는 짠물로도 수분을 보충할 수 있기 때문에 민물이 없는 환경에서도 살아남을 수 있는 거예요.

마시지 않고 물 얻기

아주 건조한 곳에 사는 몇몇 동물은 물을 마시지 않고도 얻는 방법을 알고 있어요.

- 북아메리카 사막에 사는 캥거루쥐는 식물의 씨를 먹어요. 씨 안에 든 물만으로 살아갈 수 있어요.
- 오스트레일리아 사막에 사는 도깨비도마뱀은 피부에 난 홈으로 흘러내리는 물을 먹어요. 밤사이에 피부에 맺힌 이슬이 이 홈을 따라 흘러서 입속으로 들어오지요.

낙타는 발이 넓적해서 모래에 빠지지 않아요.

또 눈에 모래가 들어가지 않게 막아 주는 투명한 눈꺼풀도 한 겹 있어요.

음식이나 물이 없을 때, 낙타는 혹에 저장된 지방을 쓰기 시작해요.

늘어진 혹

그러면 혹은 죽 늘어져요. 낙타의 몸무게는 절반까지 줄어들기도 해요.

살이 좀 빠진 것 같아.

마시고 먹으면 낙타는 다시 건강해질 거예요.

물고기 오줌에서 헤엄치기
짠물과 민물

모든 생물은 물이 필요해요. 바닷물도 괜찮을까요? 한 모금 꿀꺽 마셔 보면, 너무 짜서 마실 수 없다는 사실을 깨달을 거예요.* 그렇다면 물고기는 바다에서 어떻게 물을 얻을까요?

* 야생 낙타는 달라요. 15쪽을 보세요.

물고기가 헤엄칠 때, 아가미와 몸에서 민물이 새어 나와요.

"목이 좀 마른데."

아가미

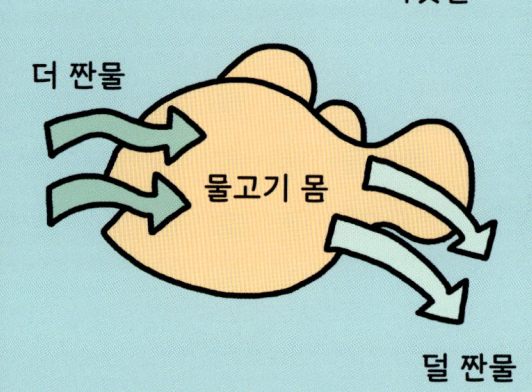

민물이 주변의 짠물로 빨려 나가는 거예요.

더 짠물 → 물고기 몸 → 덜 짠물
바닷물

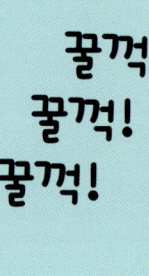

물을 얻으려면, 물고기는 바닷물을 많이 마셔야 하는데…

꿀꺽! 꿀꺽! 꿀꺽!

그 물에서 소금을 빼내야 해요.

소금

소금은 동물의 몸에서 중요한 일을 해요. 피, 근육, 신경이 제대로 일하도록 돕지요. 또 몸에 든 물의 양도 조절해요. 몸에는 소금이 필요하지만, 적당량만 먹어야 해요. 너무 적거나 너무 많으면 몸에 나쁘거든요.

"짭짤한 게 너무 맛있어."

동물은 짠 암석이나 흙을 핥아서 소금을 얻기도 해요.

민물고기

민물고기는 바닷물고기와 정반대 문제를 안고 있어요. 몸속의 물보다 덜 짠 물에 살고 있어서, 몸에서 소금이 빠져나가거든요. 그래서 소금을 내보내는 대신에 받아들여야 해요. 이때 아가미가 필요하지요. 아가미는 물을 내보낼 때 소금만 걸러서 피로 보내 줘요.

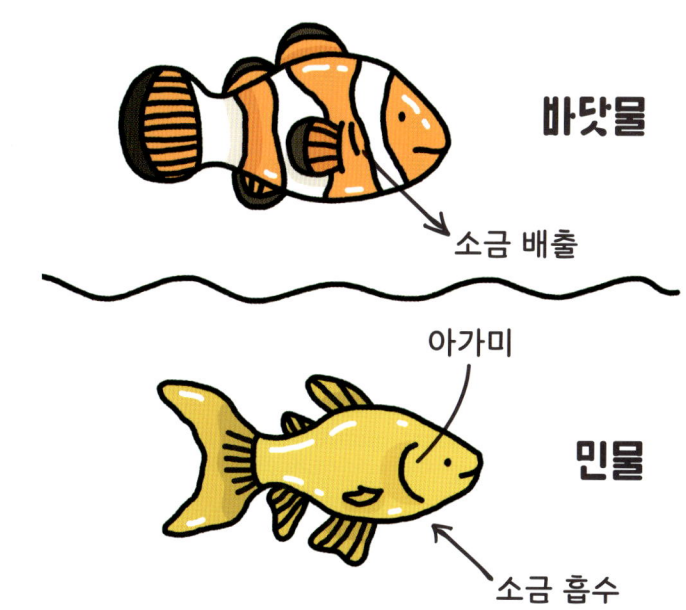

바닷물고기는 콩팥이라는 기관을 통해서 소금을 제거해요.

소금은 물고기의 오줌에 섞여서 배출되지요.

저거 봤어?

으, 역겨워.

그러니까 우리가 바닷물에 들어가면…

알고 싶지 않아…

물고기 오줌 속에서 헤엄치는 거예요.

양쪽 물에서 사는 물고기

바닷물과 민물 양쪽에서 다 살 수 있는 물고기도 있어요. 연어와 송어가 그래요. 황소상어도요. 황소상어는 사람을 으레 공격하곤 하는 몇 안 되는 상어예요.

오스트레일리아에 있는 한 골프장의 호수에는 황소상어가 살고 있어요.

아기 곰의 대행진
포유류의 한살이

북극곰은 작은 굴에서 태어나 4개월 동안 그 안에서 지내요. 그런 뒤 대행진을 시작하지요.

* 새끼에게 젖을 먹이는 것은 포유류의 주된 특징이에요.

포유류

포유류는 이런 특징이 있어요.

- 등뼈가 있어요.
- 털이 있어요.
- 어미가 새끼에게 젖을 물려요.
- 대부분 알이 아니라 새끼를 낳아요.

수생 포유류

고래나 물개 같은 수생 포유류는 물에 살아요. 다른 포유류처럼 새끼에게 젖을 먹이지요. 수생 포유류도 허파가 있어서, 호흡을 하려면 물 위로 올라와야 해요. 털이 없는 수생 포유류도 모두 어떤 시기에는 털을 가져요.

유대류

유대류는 덜 자란 새끼를 낳는 포유류예요.
태어난 새끼는 어미의 배에 있는
주머니에서 젖을 먹으며 더 자라요.
캥거루 같은 동물이 유대류이지요.

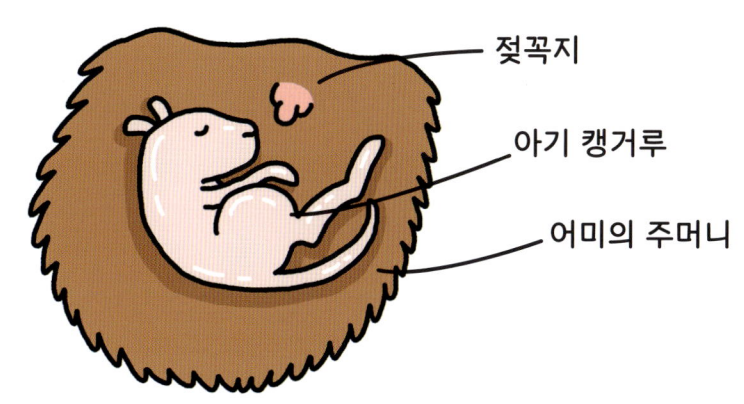
- 젖꼭지
- 아기 캥거루
- 어미의 주머니

태어난 지 서너 달이 지나면, 굴 밖으로 나와요.

"와!"
"엄청 밝아!"

새끼들은 함께 바다를 덮은 얼음 위를 걸어가요. 아주 긴 여행이 되기도 해요.

"내 차례 되지 않았어?"

2년 반 동안 어미는 새끼에게 사냥하는 법을 가르쳐요. 그런 뒤…

"이제 떠날 시간이란다."
"아직은 안 돼요…"

단공류

단공류는 새끼가 아니라 알을 낳는 포유류예요.
새끼는 알에서 나온 뒤 젖을 먹어요.
바늘두더지와 오리너구리가 바로 단공류예요.
바늘두더지는 고슴도치처럼 생긴 작은 동물이고,
오리너구리는 수달 같은 몸에 오리 같은 부리를
가진 동물이에요.

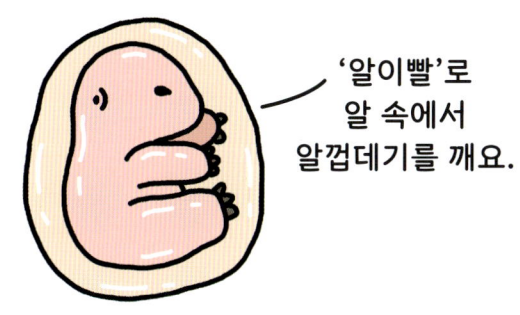
'알이빨'로 알 속에서 알껍데기를 깨요.

바늘두더지 같은 단공류는
때가 되면 알을 깨고 나와야 해요.

아기 청개구리의 신기한 여행
양서류의 한살이

양서류는 물에서 부화하지만, 자란 뒤에는 물과 땅 양쪽에서 살 수 있는 동물이에요.

양서류의 종류

양서류는 크게 네 종류가 있어요.

- 개구리와 두꺼비는 비슷해요. 둘을 가장 쉽게 구분하는 방법은 피부를 보는 거예요. 개구리는 피부가 매끄럽고 미끈거리는 반면, 두꺼비는 우둘투둘하고 더 건조해요.
- 도롱뇽은 몸이 길고 가늘어요. 다리는 포식자에게 뜯겨 나가도 다시 자라요. 영원은 도롱뇽의 일종이에요.
- 무족영원은 다리가 없어요(그래서 뜯겨 나갈 일이 없지요). 뱀이나 지렁이처럼 생겼고, 1.5m까지 자라기도 해요.

양서류의 피부

양서류의 피부는 놀라워요. 물과 기체를 몸 안팎으로 보낼 수 있어요. 위험한 세균과 곰팡이도 막아요. 피부에서 강한 독이 나오는 양서류도 있어요. 양서류는 피부를 촉촉하게 유지해야 해요. 그래서 대개 축축한 곳에 살아요.

노란띠독화살개구리는 피부에 몸을 보호하는 독샘이 있어요. 피부를 촉촉하게 유지하는 점액샘도 있고요.

올챙이는 물 밖으로 입을 내밀어서 공기를 허파로 빨아들인 다음 잠수해요.

올챙이의 호흡

올챙이는 물속에서 8-10주 동안 살아요. 호흡은 두 가지 방식으로 해요. 처음에는 물고기와 비슷하게 아가미를 써서 호흡해요. 몇 주 뒤에는 육상 동물과 비슷하게 허파가 자라요. 그러면 올챙이는 대부분 물 위로 올라와서 허파로 공기를 들이마시곤 해요.

알 속에서 작은 올챙이가 자라기 시작해요.

빨리 나가고 싶어.

5일 뒤 올챙이는 알에서 나와요.

올챙이는 2개월 동안 물에 살아요.

얼마 후, 다리가 자라기 시작해요.

다리가 다 자라면, 물 밖으로 나와서…

탈바꿈

집처럼 편안한 나무로군.

나무 위로 올라가요.

나비의 4단 변신
곤충의 한살이

살아가는 동안 몸이 한 번, 두 번, 세 번도 아니고, 네 번이나 완전히 바뀐다면 어떨까요? 곤충에게는 정말 이런 일이 일어난답니다. 곤충은 알, 애벌레, 번데기, 성체까지 4단계에 거쳐 변해요. 다음 단계로 변신하는 것을 탈바꿈이라고 해요.

나비의 삶은 아주 작은 알에서 시작해요. 처음에 알은 이 마침표만 해요.

알 속에서는 아주 작은 애벌레가 자라고 있지요.*

충분히 자란 애벌레는 알에 구멍을 뚫고 꿈틀거리면서 나온 다음…

으으의! 구멍을 좀 더 크게 낼걸.

알을 다 먹어 치워요.

알이 붙어 있던 잎도 다 먹어요. 잎을 계속 먹어 대니까, 피부가 팽팽해져요.

우적
우적

---

* 나비나 나방의 애벌레는 털로 덮여 있어서 '모충'이라고도 해요.

불완전 탈바꿈

나비와 다른 한살이 방식을 택한 곤충도 있어요. 이들의 한살이는 4단계가 아니라 3단계예요. 이런 방식을 '불완전 탈바꿈'이라고 해요. 잠자리는 불완전 탈바꿈을 하는 대표적인 곤충이에요.

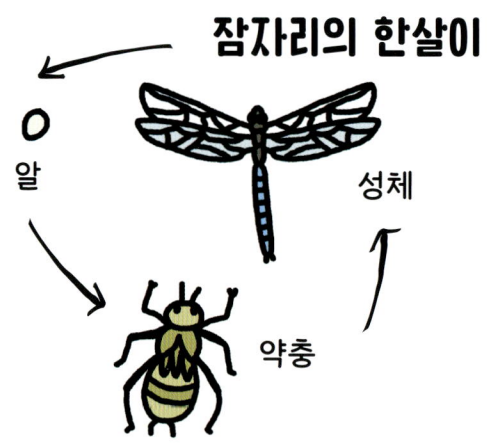

잠자리의 한살이

알 → 약충 → 성체

몸을 빼앗는 침입자

일부 말벌은 다른 곤충에게 지독한 짓을 해요. 바로, 나비나 나방의 애벌레를 찾아서 몸속에 알을 낳는 거예요. 알에서 나온 말벌 애벌레는 나비 애벌레를 먹으면서 자라요.
이윽고 말벌 애벌레는 화학 물질을 분비해서 나비 애벌레를 마비시켜요. 그런 뒤 톱 같은 이빨로 몸을 가르고 밖으로 나와요.

말벌 애벌레가 나비 애벌레의 몸 밖으로 나오는 중이에요.

애벌레는 피부를 벗어요. 그 안에 더 큰 피부가 있어요.

"훨씬 낫군."

이렇게 허물을 벗는 일을 4-5번 해요.

이제 애벌레는 나뭇가지에 달라붙은 뒤, 한 번 더 피부를 떼어 내고…

"새로운 내가 되고 싶어."

고치를 만들어서 번데기가 돼요.

때가 되면 고치에서 나방이 기어 나와요.

"날개가 마를 때까지 기다리기만 하면 돼."

나비는 날개를 펼쳐서 말린 뒤, 날아올라요.

"우리를 만나려면 17년은 기다려야 해. 그러면 한꺼번에 수백만 마리를 볼 수 있어."

17년 주기 매미

한살이의 각 단계를 거치는 시간은 곤충마다 달라요. 어떤 매미는 약 8주 동안 알 속에 있다가 나와서 약충(불완전 탈바꿈을 하는 곤충의 애벌레)으로 짧으면 13년, 길면 17년이나 보내요. 그런 뒤 땅 위로 올라와서 성체가 되지요. 성체는 약 5주 동안 살아요.

아기 바다오리의 불편한 잠자리
조류의 한살이

바다오리는 바닷새예요. 바다에서 주로 시간을 보내지요.
알을 낳을 때가 되면 육지로 돌아와 아찔한 높은 곳에 둥지를 지어요.

수컷은 자신을 뽐내며 걸어 다녀요.

"내 빨간 발 정말 멋지지?"

암컷의 마음에 들면, 둘은 짝을 지어요.

둘은 파도가 들이치지 않는 바닷가 높은 곳에 둥지를 지어요.

"여기까지 파도가 올라오지 않는다고 확신해?"

바다오리 둥지는 알이 쏙 들어가는 모양이 아니에요.

그래서 알은 별난 모양을 하고 있어요. 굴러떨어지지 않으려고요.

알 품기

대부분의 새는 알을 품어요. 품어서 따뜻하게 유지하지 않으면, 알 속에서 자라는 새끼는 추위로 죽을 거예요. 알을 품을 때, 알과 닿는 부위의 깃털이 빠지는 새도 많아요. 덕분에 알은 더 따뜻하게 온기를 받지요.

알을 따뜻하게 하기 위해 깃털이 빠진 부위를 '포란반'이라고 해요.

별난 알들

- 두갈래꼬리바다제비의 알은 추위에 잘 견뎌요. 부모가 알을 두고서 먹이를 찾아 멀리까지 날아다녀야 하기 때문이에요.
- 풀숲무덤새는 알을 식물과 흙으로 덮어서 보호해요. 알껍데기가 얇아서 땅의 온기가 잘 스며들어요.
- 흰올빼미는 북극 지방에 살아요. 여름에는 하루 종일 떠 있는 해를 견뎌야 해서, 알껍데기에 햇빛 차단제 성분이 들어 있어요.

타조는 새 중에 가장 큰 알을 낳아요. 알은 아주 튼튼해서 100kg이 넘는 타조가 앉아서 품어도 멀쩡해요.

부모는 번갈아 알을 품어요.
알에서는 새끼가 자라지요.

4주쯤 지나면, 새끼가 알에서 나와요.
"여기 왜 이렇게 좁아?"

약 5주 뒤 새끼는 둥지를 떠나요.
"아직 못 나는데."
"그래도 헤엄은 칠 수 있어."
4년 뒤에 돌아와 알을 낳기도 해요.

최고의 수영 선수

새 중에서는 젠투펭귄이 가장 헤엄을 잘 쳐요. 시속 35km로 헤엄칠 수 있어요

물속에서 날기

바다오리는 날 수 있지만, 헤엄을 더 잘 쳐요. 날개를 쳐서 물속을 날지요. 먹이를 찾아 물속으로 30-60m 이상 잠수하기도 해요. 펭귄, 가마우지를 비롯한 많은 새들이 물속을 날아요.

바다에서의 식사 시간
먹이 사슬

먹이 사슬은 생물들이 서로 어떻게 의지하는지 보여 줘요.
먹이 사슬은 식물에서 시작해요. 반대쪽 끝에는 최상위 포식자가 있지요.

1단계: 식물성 플랑크톤

식물성 플랑크톤은 바다의 미생물이에요. 약 5,000종류가 있어요.

2단계: 초식 동물

동물성 플랑크톤이라고 불리는 작은 동물은 식물성 플랑크톤을 먹어요.

더 큰 동물은 다른 해양 식물을 먹지요.

우적 우적

작은 식물이 하는 큰일

식물성 플랑크톤은 작지만 아주 중요한 일을 두 가지나 해요.
첫째로는 땅 위의 녹색식물처럼 산소를 생산해요(28쪽을 봐요).
둘째로는 바다에 있는 거의 모든 먹이 사슬의 출발점이 되지요.

먹이 사슬은 먹고 먹히는 관계를 화살표로 나타내요.

플랑크톤 → 새우 → 작은 물고기 → 큰 물고기 → 물범 → 백상아리

식물은 생산자

먹이 사슬에서는 식물을 생산자라고 해요. 동물과 달리 식물은 자기 먹이를 스스로 생산할 수 있거든요. 먹이를 생산한다는 말은 먹이를 만들어 낸다는 뜻이에요.

동물은 소비자

먹이 사슬에서는 동물을 소비자라고 해요. 스스로 먹이를 생산할 수 없어서예요. 동물은 몸 바깥에서 먹이를 구해서 소비해야 해요. 소비한다는 말은 먹는다는 뜻이에요.

3단계: 육식 동물

작은 물고기는 동물성 플랑크톤을 먹어요.

"똘망이는 어딨지?"

"나 여기 있어."

안전을 위해 떼를 지어 다니곤 해요.

4단계: 최상위 포식자

더 큰 물고기는 작은 물고기를 잡아먹어요.

"으아아악!"

"야호, 점심이다!"

"마침 배가 고팠는데."

먹이 사슬의 끝에는 남에게 먹히지 않는 거대한 포식자가 있어요.

포식자와 먹이

어떤 동물은 다른 동물에게 먹혀요. 동물을 먹는 동물을 포식자라고 해요. 포식자는 더 큰 포식자에게 먹힐 수도 있어요. 반면에 최상위 포식자는 먹힐 걱정이 없지요. 백상아리, 사자, 북극곰이 그래요. 하지만 이들을 잡는 동물도 있어요. 바로 인간이에요.

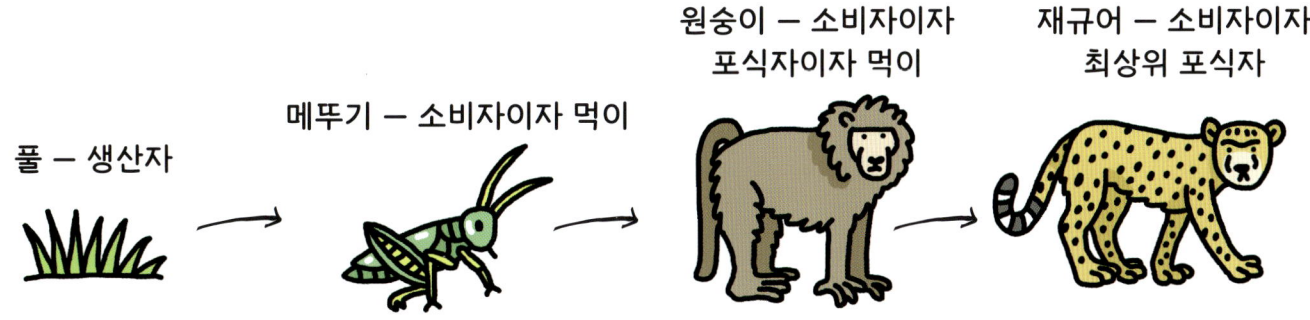

풀 – 생산자 → 메뚜기 – 소비자이자 먹이 → 원숭이 – 소비자이자 포식자이자 먹이 → 재규어 – 소비자이자 최상위 포식자

땅속에서 살아남기
식물의 성장 과정

땅속에 묻힌 채 삶을 시작한다고 상상해 봐요. 가장 먼저 할 일은 굴을 파서 빠져나가는 거겠지요? 대부분의 식물이 그렇듯 말이에요.

| 아무 일도 없는 것 같지만… | 땅속에 살아 있는 해바라기 씨가 묻혀 있어요. | 조건이 알맞으면, 씨는 싹터요. |

아무것도 안 보임

"여기서 나가고 싶어!"

"따뜻한데? 딱 좋아."
"마실 물도 충분하군."

잎

식물은 먹이를 찾아다닐 필요가 없어요. 잎에서 먹이를 만드니까요. 잎은 햇빛, 물, 이산화탄소로 먹이를 만들어요. 이 과정을 광합성이라고 해요.

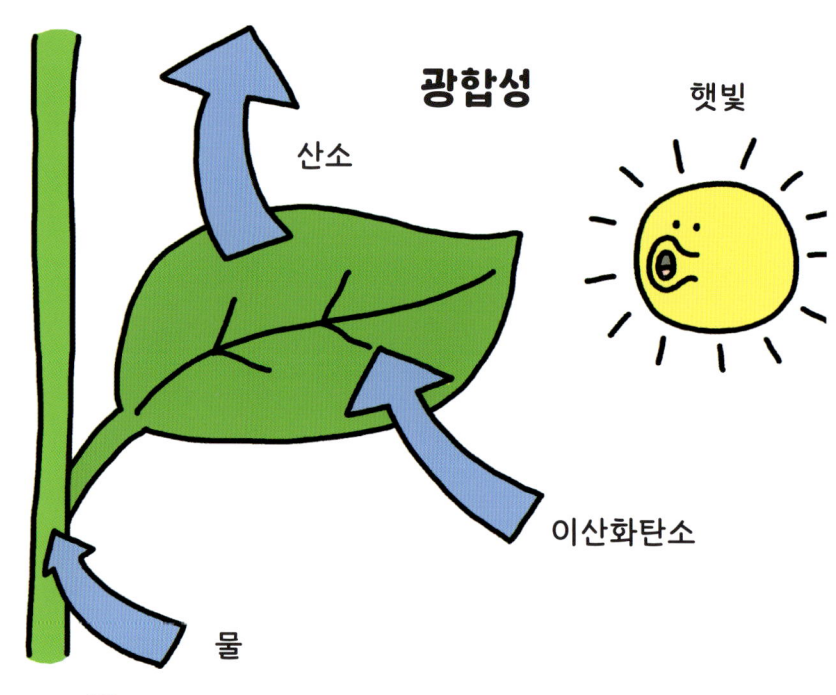

광합성

산소

햇빛

이산화탄소

물

물

식물이 살아가고 자라려면 물이 필요해요.
물은 주로 뿌리로 얻어요(36쪽을 봐요).
식물은 젖은 흙을 만날 때까지 뿌리를 계속
뻗어요. 그런 뒤 물을 빨아들이지요.
빨아들인 물은 줄기를 통해 잎으로 가요.

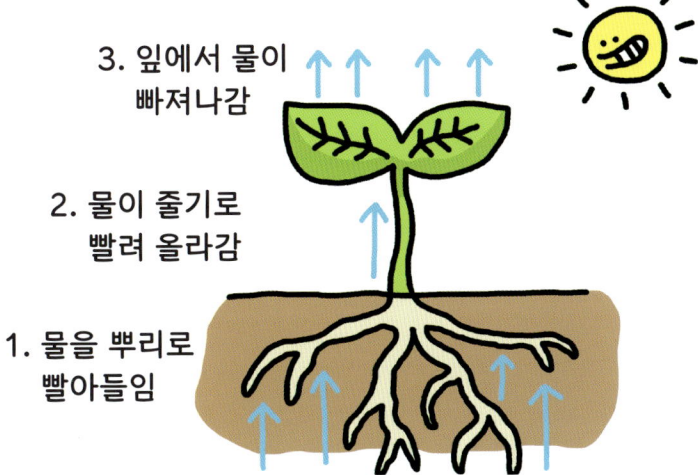

3. 잎에서 물이 빠져나감
2. 물이 줄기로 빨려 올라감
1. 물을 뿌리로 빨아들임

식물은 위로 쭉쭉 자라요.
잎을 쫙 펼쳐서 햇빛을 받으면서요.

"휴! 해를 보니 좀 낫네."

줄기
뿌리

꽃이 피어요.

"맛있어 보여."

해바라기 씨

동물에게 먹힌 씨는 고스란히 바깥으로 나와서…

"싸니까 시원해!"

흙에 묻힌 뒤, 내년을 준비해요.

영양소

식물은 뿌리로 물뿐 아니라 영양소도 모아요. 주된 영양소는 세 가지예요.

질소

잎, 줄기, 가지를
건강하게 해요.

인

씨 발아와 뿌리 발달에
필요해요.

포타슘(칼륨)

꽃과 열매를 맺고
병에 맞서는 일을 도와요.

가장 고약한 식물
꽃의 역할

시체꽃을 보려면 여러 해 동안 기다려야 해요.
길고 긴 기다림 끝에 꽃이 피면…
저 멀리 도망가고 싶을 테지만요.

[1컷] 이 식물은 땅속에 숨어 있어요.
"꽃을 피운 지 몇 년이 지났더라…?"

[2컷] 일주일 뒤 꽃이 피어요. 썩은 고기 냄새를 풍기는 시체꽃이에요.
악취 / 폴폴 / 콤콤
"와, 맛있는 냄새!"
"윽, 썩은 냄새. 딴 데로 가자."

[3컷] 몇 년에 한 번씩, 식물은 꽃대를 내밀어요.
"지난주만 해도 없었는데!"

꽃

식물마다 꽃 모양이 다르지만,
꽃은 대부분 같은 부위들로 이루어져요.

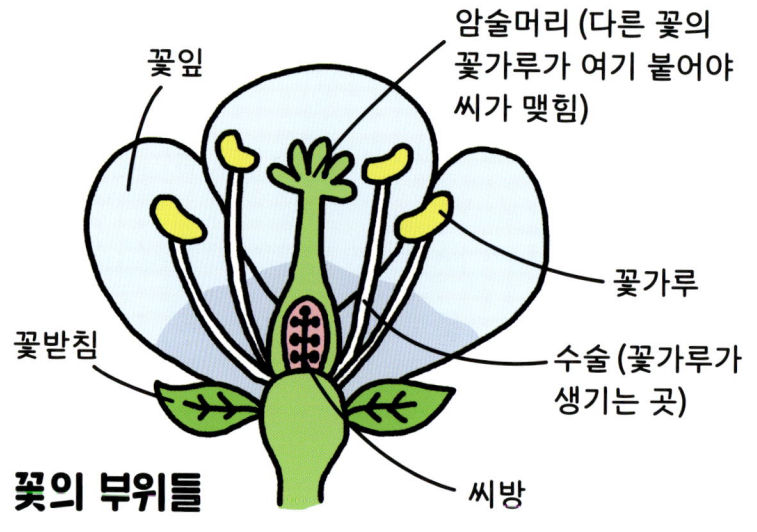

- 꽃잎
- 암술머리 (다른 꽃의 꽃가루가 여기 붙어야 씨가 맺힘)
- 꽃가루
- 수술 (꽃가루가 생기는 곳)
- 꽃받침
- 씨방

꽃의 부위들

꽃가루받이

꽃식물은 꽃가루받이를 통해 번식해요. 꽃가루받이는 한 꽃의 꽃가루가 다른 꽃으로 옮겨지는 거예요. 꽃가루는 대개 곤충이 옮기지만, 새가 옮길 때도 있어요. 꽃은 색깔이나 향기로 꽃잎 안쪽에 달콤한 꿀이 있다고 알려서 꽃가루를 옮길 동물을 꾀어요. 한편 작물, 풀, 몇몇 나무는 바람을 통해 꽃가루를 옮기기도 해요.

주변의 파리들은 여러 시체꽃을 왔다 갔다 하면서…

꽃가루를 옮겨요.

다음 날, 꽃은 시들기 시작하고 작은 열매들이 맺혀요.

맛있어!

냠냠!

꽃이 피지 않는 식물

식물이 모두 꽃으로 번식하지는 않아요. 일부 나무는 씨가 빽빽하게 들어 있는 구과를 맺어요. 씨가 다 익으면, 구과가 벌어지면서 씨가 바람에 날려서 흩어져요. 이끼와 고사리는 홀씨를 퍼뜨려요. 홀씨는 아주 작아요. 대개 세포 하나로 이루어지지요. 홀씨는 동물의 도움을 받아 바람에 실려 아주 멀리까지 퍼져요.

솔방울, 잣송이 같은 걸 '구과'라고 해요.

유혹하는 꽃
꽃가루 퍼뜨리기

몇몇 식물은 아주 영리한 방법으로 꽃가루를 퍼뜨려요. 예를 들어, 악시나이아 아피니스라는 식물은 새에게 간식을 줘요. 그리고 얼굴에 꽃가루를 잔뜩 묻혀서 꽃가루가 퍼지도록 해요.

꽃가루 덫

몇몇 식물은 꽃가루받이를 위해 곤충에게 덫을 놓아요. 예를 들어, 두레박난초는 특정한 벌이 아주 좋아하는 기름을 만들어요. 수벌은 이 기름을 몸에 바르려고 두레박난초에 접근해요. 암컷이 꾀기를 바라면서요. 벌이 이 난초의 물통에 빠지면 아주 좁은 탈출구로만 빠져나갈 수 있어요. 이 탈출구를 빠져나갈 때 꽃가루가 등에 달라붙거나 원래 붙어 있던 꽃가루가 떨어져요.

꽃가루받이 비법

일부 식물은 곤충을 속여서 꽃가루받이를 해요. 썩은 고기 같은 냄새를 풍기는 방법도 그중 하나예요(30-31쪽을 봐요). 위장하는 식물도 있어요. 암벌처럼 생긴 꽃을 피우는 꿀벌난초가 그래요. 이 식물을 살펴보러 찾아온 수벌은 온통 꽃가루를 뒤집어쓰지요.

덥석 물면 수술 망울이 바람 빠진 풍선처럼 푹 짜부라져요.

그러면 수술관에서 꽃가루가 먼지처럼 확 뿜어 나와 새의 얼굴을 뒤덮어요.

윽, 어째 이런 일이.

새는 먹이를 찾아서 다른 꽃으로 날아가고…

냠냠냠…

얼굴에 묻은 꽃가루가 그 꽃에 떨어져요.

바다에서의 꽃가루받이

해초는 물속에 사는 꽃식물이에요. 물속이라서 새와 곤충이 꽃가루를 옮기지 못해요. 대신에 이 식물은 꽃가루를 물에 띄워요. 꽃가루는 며칠 동안 떠다니다가 다른 해초 위에 내려앉아요.

해초

코코넛의 대모험
씨 퍼뜨리기

식물의 씨는 살 곳을 찾아 퍼져 나가요. 씨를 퍼뜨리는 방법은 여러 가지이지만, 코코넛 씨만큼 대단한 모험을 하는 경우는 흔하지 않지요.

바람에 날리기

많은 식물은 바람으로 씨를 퍼뜨려요. 단풍나무처럼 날개가 달린 씨를 만드는 나무도 있어요. 그러면 나무에서 씨가 떨어질 때 바람을 받아서 더 멀리 날아가지요.

대포알 씨

몇몇 식물은 아주아주 놀라운 방법으로 씨를 퍼뜨려요. 예를 들어, 중국풍년화는 대포알처럼 씨를 팡! 팡! 발사해 아주 먼 곳까지 퍼뜨린답니다.

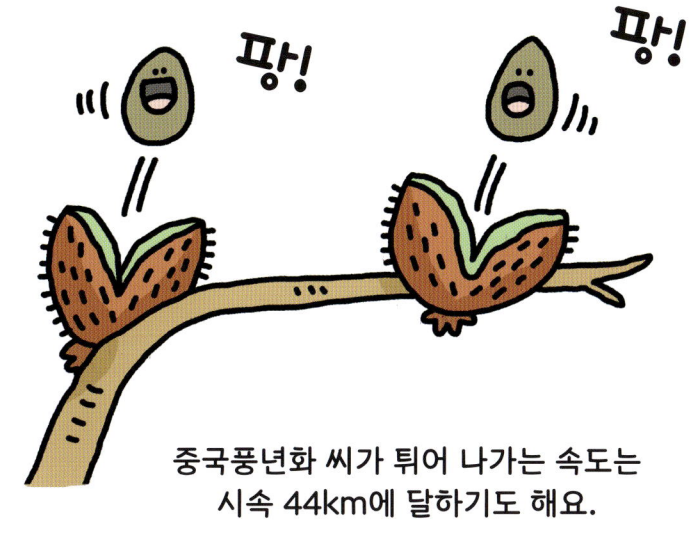

중국풍년화 씨가 튀어 나가는 속도는 시속 44km에 달하기도 해요.

썰물에 씨가 멀리 휩쓸려 나가요.
상어가 코코넛도 먹을까?

폭풍우를 만나기도 해요.
와앗!

이윽고 새로운 땅에 다다라요.
이제 안심이야.
새 코코야자가 자라기 시작해요.

동물 도우미

씨를 퍼뜨리는 데 동물이 도움을 주는 경우도 있어요. 대개 똥을 통해서요. 동물이 열매나 씨를 먹으면, 씨는 창자를 지날 때 소화되지 않고 그대로 나오기도 해요. 똥에 섞여서요.

싹트기

씨는 때가 되면 싹이 터서 자라기 시작해요. 햇빛, 온기, 공기와 물이 알맞을 때지요. 식물의 씨앗에서 싹이 트는 것을 싹트기, 또는 발아라고 말해요.

양치기나무의 고된 삶
뿌리

식물은 물과 영양소가 없으면 자랄 수 없어요. 그런데 사막에 살면 어쩌지요? 땅속으로 아주 깊이 파고 들어가야 하지요. 어떻게요? 양치기나무한테 물어보세요.

칼라하리 사막의 돌투성이 비탈에…
어린 양치기나무 (shepherd tree)
어린 나무가 자리를 잡았어요.

물 찾기? 난 할 수 있어!
나무는 뿌리를 땅속으로 더 깊이 뻗어요.

뿌리는 70m까지도 뻗어 내려가요.
기린 14마리의 키를 더한 것과 같아!

뿌리의 기능

뿌리가 주로 하는 일은 두 가지예요. 가장 중요한 일은 흙에서 물과 영양소를 빨아들이는 거지요(29쪽을 봐요). 식물은 물과 영양소가 없으면 살지 못하거든요. 또 뿌리는 식물을 지탱해요. 동물이 부딪치거나 바람이 세게 불어도 뿌리가 튼튼하면, 식물은 쓰러지지 않아요.

뿌리는 물 탐지기

몇몇 식물 뿌리는 아주 뛰어난 재능을 지니고 있어요. 예를 들면, 흐르는 물의 진동을 느낄 수 있는 뿌리도 있지요. 과학자들의 연구에 따르면, 식물은 자연의 물(좋아하는 것)과 수돗물(좋아하지 않는 것)도 구별할 정도로 영리하대요.

양치기나무는 열심히 노력했어요. 덕분에 주변에 사는 동물들도 혜택을 얻었지요.

기린은 나무 꼭대기에 달린 잎을 먹어요.

흰개미는 가까이에 둔덕을 지어요. 나무에 기대어 짓기도 해요.

나무 덕분에 집 짓기가 수월해.

우리는 그 열매를 먹어요. 뿌리로 뜨거운 음료를 만들어 먹기도 해요. 커피와 좀 비슷한 맛이지요.

(조금 느린) 메시지

일부 식물, 특히 나무는 뿌리를 통해 서로 대화를 할 수 있어요. 화학 물질을 써서 소식을 전하지요. 때로는 아주 느린 전기 신호도 써요. 너도밤나무는 그물처럼 뻗은 뿌리로 다른 나무에게 영양소와 물을 나누어 줘요. 베어져서 밑동만 남은 나무도 이웃 나무들의 도움으로 여러 해를 살 수 있어요.

나무땃쥐와 쓸모 있는 똥
식물의 양분

식물은 햇빛, 공기, 물, 영양소가 필요해요.
대부분은 흙에서 영양소를 얻지만, 네펜데스(벌레잡이통풀)는 다른 방법을 써요.

네펜데스 라자는 보르네오섬의 산에 사는 식물이에요. / 물이 2L까지 담기는 통	어느 날, 나무땃쥐가 오더니… / 통의 뚜껑에 묻은 달콤한 꿀 / 쿵쿵! 쿵쿵!	달콤한 간식을 먹으러 뛰어올라요. / 할짝! 할짝!

똥을 비료로

똥에는 식물이 자라는 데 도움을 주는 영양소가 잔뜩 들어 있어요. 수천 년 전부터 농부들은 똥을 비료로 써 왔어요. 앵글로·색슨족은 농사 준비를 하는 시기에 동물 똥을 밭에 뿌렸고, 동양에서는 사람 똥도 썼지요. 부자는 더 좋은 음식을 먹었기에, 똥에 양분이 더 많았어요. 그런 똥은 더 귀하게 여겼어요.

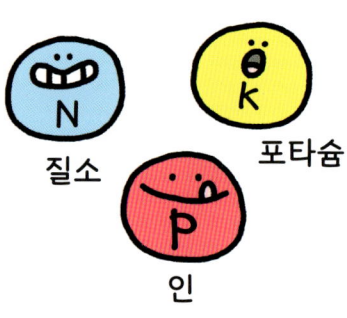

질소 N / 포타슘 K / 인 P

곤충을 먹는 식물

어떤 식물은 양분이 부족한 토양에 살아요. 그중에는 식충 식물도 있어요. 동물을 잡아먹는 식물이지요. 잡히는 동물은 대부분 곤충이에요. 식충 식물은 덫으로 곤충을 잡은 뒤 죽은 몸에서 양분을 빼내요. 네펜데스는 땃쥐 똥도 먹고 곤충도 먹는 식물이지요.

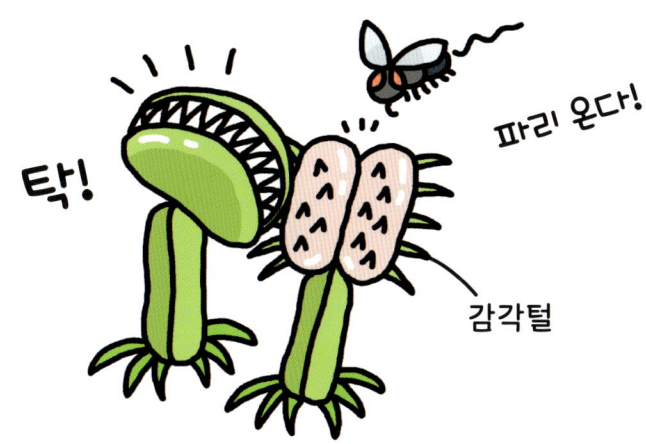

파리지옥의 '덫'에 파리가 내려앉아서 감각털을 건드리면 덫이 탁 닫혀요.

어린 땃쥐는 미끄러져서 통 안에 빠지기도 해요.

도와줘!

땃쥐는 꿀을 핥다가…

끄응

똥도 눠요.

다 눴나 봐요.

네펜데스는 이 똥에 든 양분을 빨아들여요.

상리 공생

상리 공생은 두 종이 협력해서 함께 이익을 보는 것을 말해요. 네펜데스는 양분을 얻고 땃쥐는 먹이를 얻는 것처럼요. 세상에는 상리 공생 관계인 것들이 아주 많아요. 예를 들면, 우리 창자에 사는 세균은 음식물 소화를 돕고, 보답으로 먹이를 얻어요.

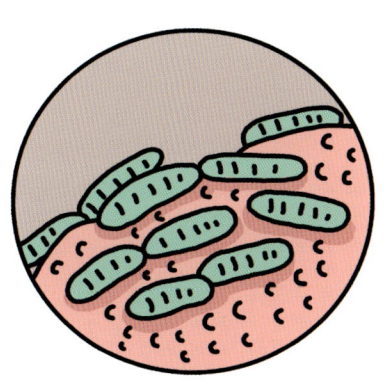

사람의 창자에 사는 세균은 음식물 소화를 도와요.

식물과 지구
온실 효과

식물은 우리 행성 지구에 중요한 일을 해요. 바로 온실 효과를 일으켜서 지구가 너무 뜨거워지거나 추워지지 않게 돕는 것이지요.

예전의 온실 효과

일부 열은 우주로 달아남

일부 열은 다시 지구로 반사됨

태양열

온실가스층 (이산화탄소, 메탄, 질소산화물 같은 화학 물질이 있음)

온실가스는 열을 간직해요. 지구가 차갑게 얼어붙어서 살 수 없는 곳이 되지 않도록 막지요.

식물의 탄소

식물은 이산화탄소를 흡수해서 먹이를 만드는 데 써요(28쪽을 봐요). 탄소는 살아 숨쉬는 식물에만 있는 것이 아니에요. 바다 밑에 깔린 죽은 식물성 플랑크톤에도 들어 있고, 석탄, 석유, 천연가스, 이탄 같은 화석 연료에서도 발견할 수 있어요.

온실 효과 부추기기

오늘날 우리는 식물 또는 예전에 식물이었던 것을 태워서 많은 에너지를 얻어요. 열을 얻고 요리를 하기 위해 장작을 때는 사람도 많아요. 발전소는 석탄, 석유, 가스를 태워서 전기를 생산해요. 식물은 탈 때 대기로 탄소를 뿜어내요. 그 탄소는 온실 효과를 부추기고 지구 온난화를 일으켜요.

이산화탄소
이산화탄소

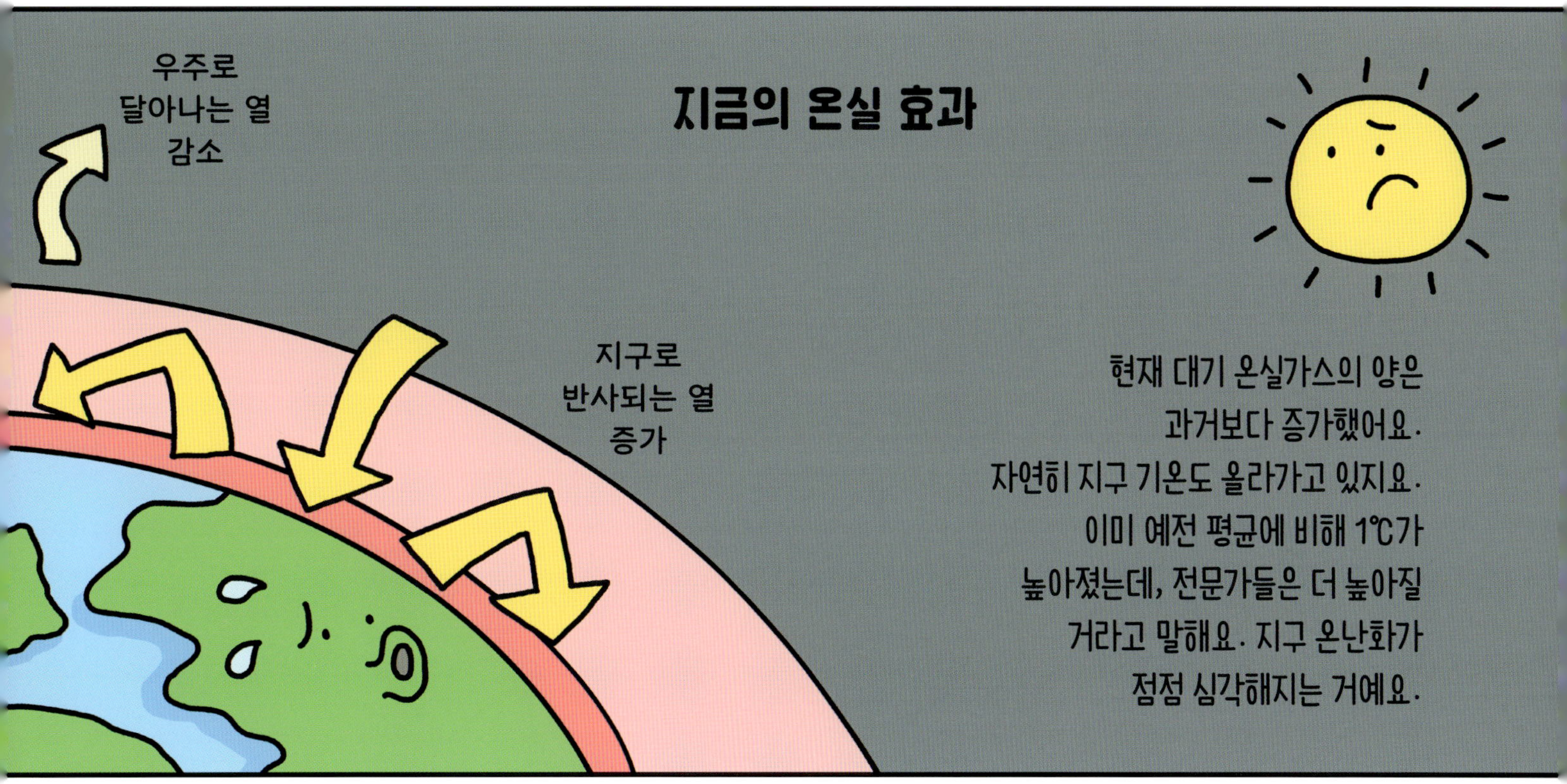

지금의 온실 효과

우주로 달아나는 열 감소

지구로 반사되는 열 증가

현재 대기 온실가스의 양은 과거보다 증가했어요. 자연히 지구 기온도 올라가고 있지요. 이미 예전 평균에 비해 1℃가 높아졌는데, 전문가들은 더 높아질 거라고 말해요. 지구 온난화가 점점 심각해지는 거예요.

온실가스

1800년대부터 인류는 화석 연료를 점점 더 많이 태우기 시작했어요. 그러자 이산화탄소를 비롯한 기체들이 대기로 방출되면서 온실 효과를 부추겼어요. 이것이 바로 지구 온난화예요.

변하는 세계
기후 변화와 그 영향

세계는 점점 더워져요.
이런 기후 변화 때문에 동식물의 서식지도 크게 변하고 있어요.

북극 지방

북극 지방의 해빙은 해마다 줄어들어요. 해빙 위에서 새끼를 키우는 물범은 북극곰의 주된 먹이지요. 그런데 해빙이 줄어들면서 물범의 수도 줄어들고 있어요. 그래서 지금 북극곰은 먹이를 찾으려고 훨씬 더 멀리까지 걷거나 헤엄쳐야 해요. 점점 더 굶주리는 거예요.

작년에는 이렇게 멀리까지 올 필요가 없었는데.

더 높은 곳은 더 시원하대.

사막도 더욱더 뜨거워지고 메말라 가요. 사막의 동식물은 아주 높은 온도에서도, 몇 주 동안 물을 안 마시고 살 수 있어요. 하지만 온도가 너무 높아져서 점점 더 견디기가 힘들어져요.

사막

세계의 사막은 점점 넓어져요. 사막은 물이 거의 없고, 동식물이 살기 어려운 곳이라 소수의 생물들만 살아남지요. 또 사막이 넓어지면서 그 가장자리에 살던 생물들도 집을 잃는 상황이에요.

바다

기온이 올라가면서 해수면도 높아져요. 얼음이 녹아서 바다로 흘러들기 때문이에요.
또 물은 따뜻할수록 부피가 늘어나거든요. 바다에 잠기는 섬도 점점 많아져요.
게다가 땅에 바닷물이 스며들면서 식물이 죽고, 토양이 나빠지고, 동물도 사라져요.

산호초도 점점 사라져요.
수온이 올라가면, 화려한 색깔의 산호는
하얗게 변해서 죽기 시작해요.
산호초가 회복하려면 수온이 정상으로 돌아와야 해요.

예전에는 여러 색깔의 산호가 살던 곳이었는데.

초대형 폭풍

열대 바다에서 생긴 강력한 폭풍은 지역에 따라 태풍, 허리케인, 사이클론이라고 해요.
이 폭풍은 지붕을 날려 버릴 만큼 바람이 강해요. 폭풍이 발생하면 해안으로 높은 파도가
밀려들고, 폭우로 도시가 물에 잠기기도 해요. 식물, 동물, 사람 모두 피해를 입어요.

새도 태풍에 떠밀릴 수 있어요.
2,000km 떨어진 곳까지 떠밀려 간 새도 있어요.

앗!

여기가 어디야?

미국 : 2,000km

태풍은 바다에서 생겨요. 바닷물 온도가 적어도 27.8℃는 되어야 발생하지요.
그런데 바다에서 수온이 이렇게 높아지는 곳이 점점 늘어나고 있어요. 더 높이 올라가는 곳도 있고요.
그래서 앞으로는 태풍이 더 자주 생기고 더 강력해질 거예요.

지방 덩어리 관리자
뇌

뇌는 우리 몸의 모든 활동을 관리해요. 일을 아주 많이 하니까 에너지도 많이 쓰지요.
뇌의 약 60%는 지방으로 이루어졌답니다.

뇌가 하는 일

- 시키지 않아도, 심장 박동 같은 일을 알아서 관리해요.
- 눈에 보이는 것이 무엇인지 알아내는 등 감각 기관에서 오는 신호를 처리해요.
- 달리기, 노래, 공차기 같은 여러 가지 일들을 할 수 있게 해 줘요.
- 생각, 감정, 사회 활동을 처리해요.

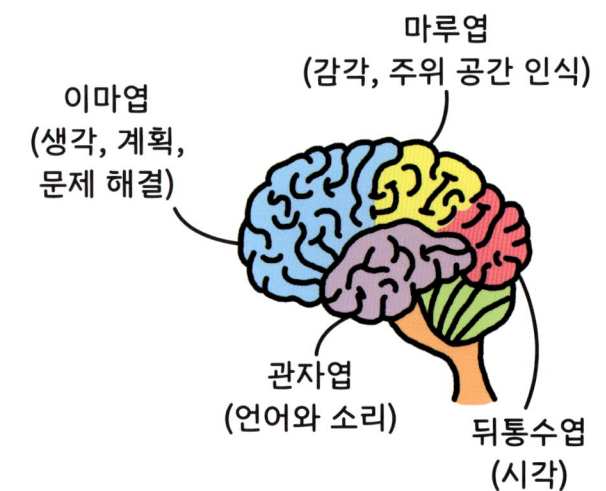

신경계

뇌는 신경계를 통해 신호를 주고받아요.
신경계는 온몸으로 신호를 보내는 연결망이에요.
신호는 척수를 따라 오르내려요.
척수는 등뼈에 들어 있지요.

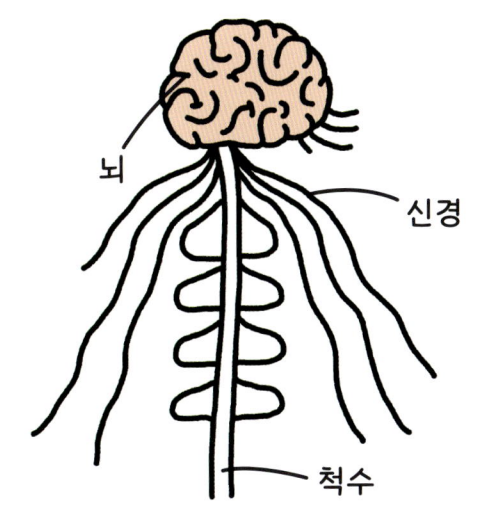

신경 세포

뇌와 신경계는 신경 세포라는 특수한 세포로 작동해요. 신경 세포에는 중요한 두 부위가 있어요.

- 세포체는 전기를 써서 신호를 일으켜요.
- 축삭은 연결된 다른 신경 세포로 세포체가 일으킨 신호를 보내요.

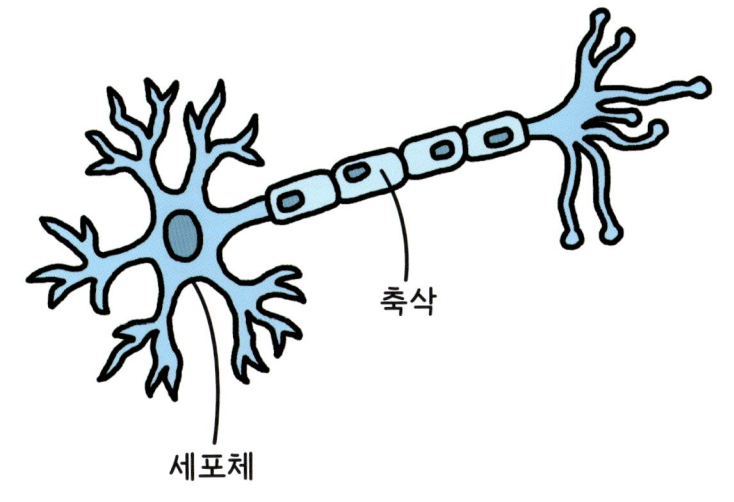

사람과 해파리의 차이점
뼈와 뼈대

사람과 해파리는 많은 점이 달라요.
가장 큰 차이점은 뼈의 유무예요.
해파리와는 달리 사람에게는
몸을 지탱해 주는 뼈대가 있지요.

주요 뼈

머리뼈 / 척추 / 갈비뼈 / 자뼈 / 위팔뼈 / 노뼈 / 넙다리뼈 / 종아리뼈 / 정강뼈

사람의 뼈대를 이루는 뼈들은 건물을 받치는 비계*를 닮았어요.
* 공사를 할 수 있게 건물에 임시로 설치한 구조물이에요.

보호

뼈는 몸을 지지하는 일만 하지 않아요. 몸속의 중요한 기관들도 보호하지요. 머리뼈는 뇌를 헬멧처럼 감싸서 보호하는 가장 중요한 일을 해요. 갈비뼈는 가슴 부위를 울타리처럼 둘러싸고 허파와 심장이 짓눌리지 않게 지켜 줘요.

어른의 머리뼈는 약 500kg의 압력을 견딜 수 있어요.

부러진 뼈

뼈는 부러져도, 시간이 지나면 다시 원래의 모습으로 돌아가요. 뼈가 부러지면 먼저 부러진 곳으로 피가 많이 몰려서 뼈를 치료할 세포들을 쏟아부어요. 그리고 몇 주에 걸쳐 새로운 뼈가 자라면서 부러진 곳을 이어 붙여요. 이윽고 뼈가 단단해지면 수리가 끝나요.

팔씨름 챔피언이 되는 법
근육

팔씨름에서 이기려면, 팔이 튼튼해야 해요.
팔이 튼튼하려면, 물론 팔 근육이 튼튼해야겠죠?

근육은 섬유로 이루어져요. ↓ 근섬유	아기는 모든 근섬유를 갖고 태어나요. "나는 튼튼해!" "잘 시간이야."	근육을 쓰면 근섬유가 손상되지만… 근섬유는 치유되면서 더 커지고 더 튼튼해져요.

근육 운동

근육은 몸을 움직이도록 도와요.
관절을 이루는 두 뼈의 양쪽에 붙어 있지요.
근육은 수축할 때, 붙어 있는 뼈를
잡아당겨서 움직여요.

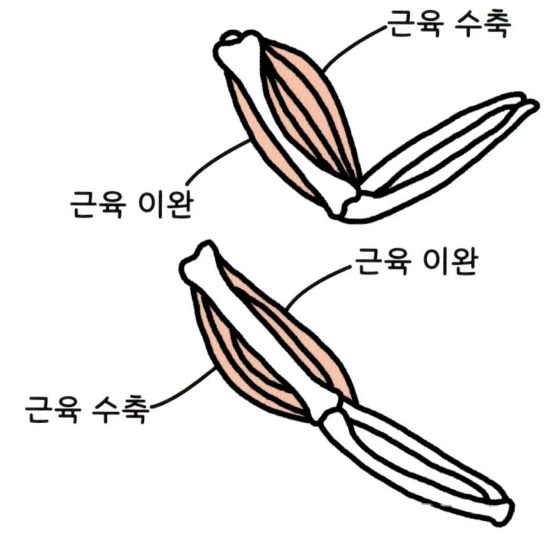

뼈대근

관절을 움직이는 근육을 뼈대근이라고 해요. 근육과 뼈는 질기고 튼튼한 힘줄로 이어져요. 뼈끼리는 인대로 연결되고요.

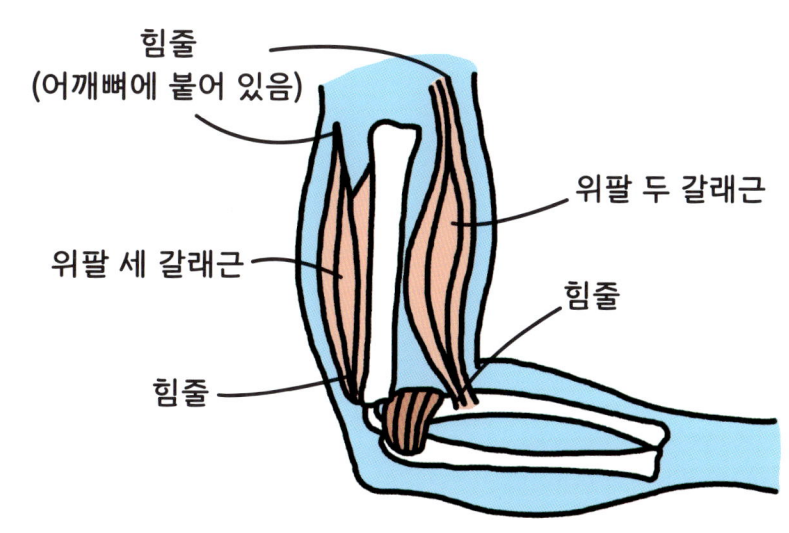

근육을 열심히 쓸 때마다 근섬유는 더 강해져요.

끄으으으응!

반대로 쓰지 않으면, 점점 약해져요.

띵! 톡!
다다다다다!

근육이 커지고 튼튼해질수록, 팔씨름 챔피언이 될 날이 가까워질 거예요.

아직은 지켜볼 뿐이지만요!

민무늬근

민무늬근은 몸에서 속이 빈 부위의 벽을 이루는 근육이에요. 목과 창자의 벽이 민무늬근이지요. 민무늬근은 수축하고 이완하면서 꿈틀 운동을 해요.

꿈틀 운동

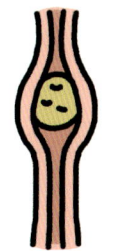 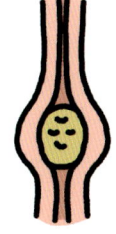

치약통에 든 치약을 눌러서 밀어내듯이, 근육이 수축과 이완을 하면서 소화관을 따라 음식물을 보내요.

보기보다 복잡한 재채기
질병과 허파

재채기는 몸에 안 좋은 물질이 들어오지 못하게 막는 방법 중 하나예요.*
재채기는 단순해 보이지만, 사실 그렇지 않아요.

* 재채기는 꽃가루, 먼지, 세균, 바이러스를 밖으로 내보내지만,
  짜증 나게 하는 동생이나 숙제를 내보내지는 못해요.

우리는 늘 자극 물질을 들이마셔요.	이때 코의 방어 체계가 반응해요.	재채기 중추*로 메시지가 도착해요.
코 / 들어가자! / 꽃가루	안 돼. 넌 못 들어와.	* 그 일을 맡은 뇌 부위 / 침입자다!

재채기와 질병

재채기는 몸이 병을 막는 방법 중 하나예요. 바이러스와 세균은 코의 점막에 붙들렸다가 재채기를 통해 내보내져요.

그러나 재채기는 질병을 퍼뜨리기도 해요. 침방울이 퍼질 때, 다른 사람의 코와 입으로 들어갈 수 있거든요. 그래서 재채기나 기침을 할 때는 입을 꼭 가려야 해요.

허파

허파는 몸의 양쪽에 하나씩 있어요. 재채기에 필요한 공기가 여기에서 나와요. 허파가 주로 하는 일은 산소를 받아들이고 이산화탄소를 내보내는 거예요. 허파 안에는 약 2,000km에 달하는 공기 통로가 있어요. 가슴우리는 허파를 보호하는 뼈대예요. 오른쪽 그림에는 한쪽만 그렸지만요.

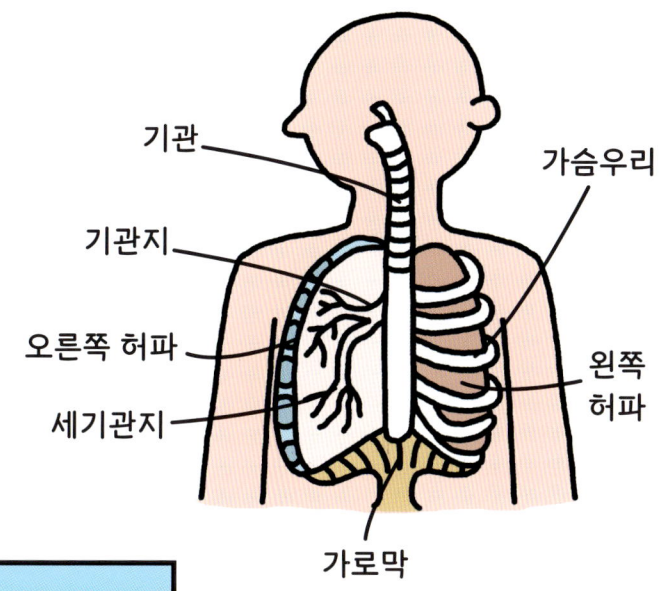

재채기 중추는 메시지를 보내요: 재채기해!

재채기가 일어나려면 재채기 중추는 아주 빨리 많은 일을 해야 해요.

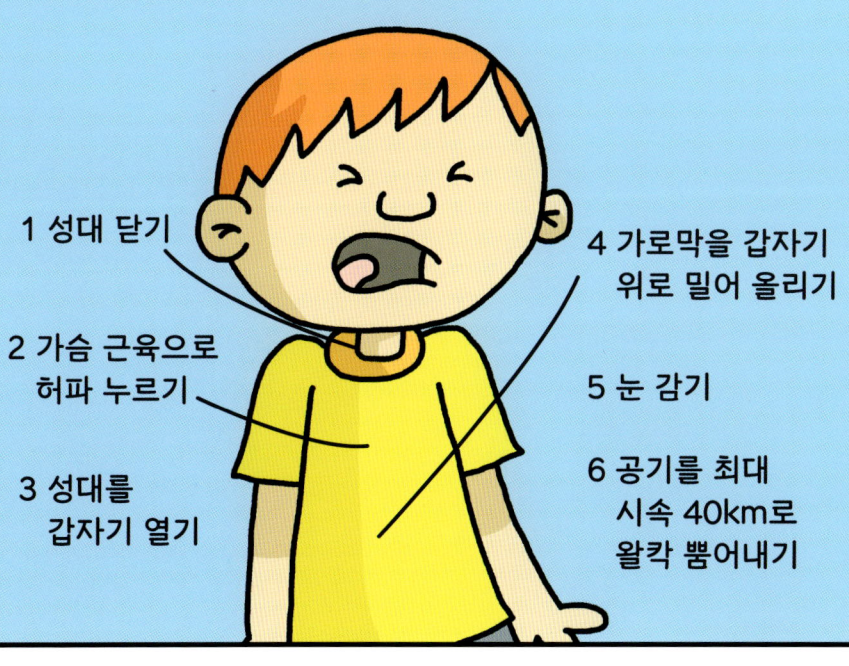

1 성대 닫기
2 가슴 근육으로 허파 누르기
3 성대를 갑자기 열기
4 가로막을 갑자기 위로 밀어 올리기
5 눈 감기
6 공기를 최대 시속 40km로 왈칵 뿜어내기

가로막

가로막은 허파 밑에 있는 근육으로 된 막이에요. 이 막이 없으면 호흡을 못해요.

들숨

공기를 허파로 빨아들여요.

가슴우리를 밖으로 밀어내요.

가로막이 수축하면서 내려가요.

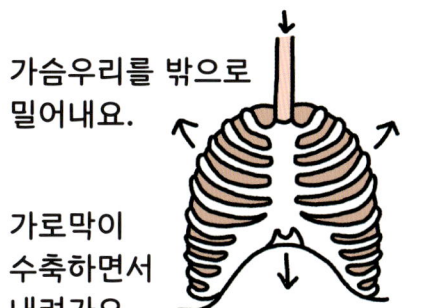

날숨

허파에 든 공기를 밀어내요.

가슴우리가 안으로 들어가요.

가로막이 이완되면서 올라와요.

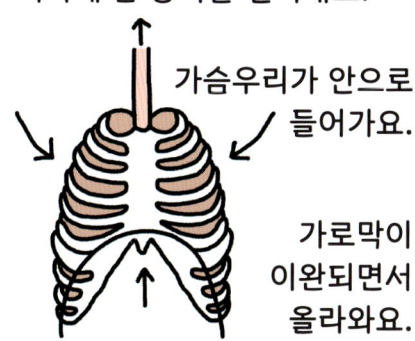

코브라와의 깜짝 만남
심장과 순환계

어느 날 인도의 시골길을 걷고 있는데 갑자기 풀 사이로 무언가 사르르 움직이는 소리가 들려요. 이어서 쉿쉿, 하는 소리가 들려오는데….

위험에 반응하기

위험한 것과 마주치면, 우리 몸은 자동으로 여러 가지 반응을 일으켜요. 먼저 순환계의 활동이 빨라져요. 근육에 산소를 더 많이 보내기 위해서 호흡도 가빠져요. 그래야 근육이 힘을 낼 테니까요. 심장도 더 빨리 뛰면서 산소와 에너지가 풍부한 당분을 근육으로 보내요. 피도 더 진해져요. 다치면 재빨리 엉겨서 피딱지를 만들도록요.

순환계

순환계는 혈관망이에요. 피는 온몸을 돌면서
세 가지 중요한 물질을 운반해요.

1) 허파에서 산소를 온몸으로 보내요.
2) 온몸에서 생긴 이산화탄소를 허파로 보내요.
3) 소화계에서 영양소를 온몸으로 보내요.

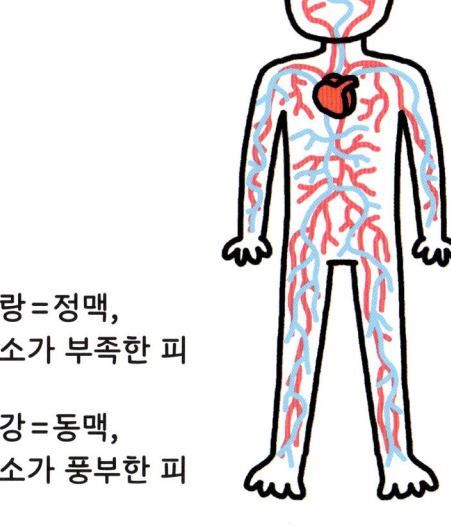

파랑 = 정맥,
산소가 부족한 피

빨강 = 동맥,
산소가 풍부한 피

사람의 심장

우심방, 좌심방, 우심실, 좌심실

심장

심장은 근육으로 이루어진 기관이에요.
수축과 이완을 통해 순환계로 피를 뿜어내지요.
심장의 오른쪽은 온몸을 돌면서 산소가 떨어진 피를
받아요. 이 피를 허파(51쪽을 봐요)로 뿜어내서
산소를 받아 오게 해요. 심장의 왼쪽은 이 산소가
풍부한 피를 받아서 다시 온몸으로 보내요.

적혈구의 생애
피의 기능

넉 달 동안 잠도 자지 않고 계속 일해야 한다고 상상해 봐요. 끔찍하죠?
그런데 바로 적혈구가 그렇게 살아요. 그나마 다행인 사실은,
수조 개의 적혈구가 함께 일한다는 거예요.

모세 혈관

모세 혈관은 온몸의 세포들로 뻗어 있는 작은 핏줄이에요. 벽에 난 작은 통로로 세포들과 화학 물질을 주고받아요. 모세 혈관 중 가장 굵은 것도 지름이 사람 머리카락의 10%밖에 안 돼요. 가장 가는 것은 그 절반이고요.

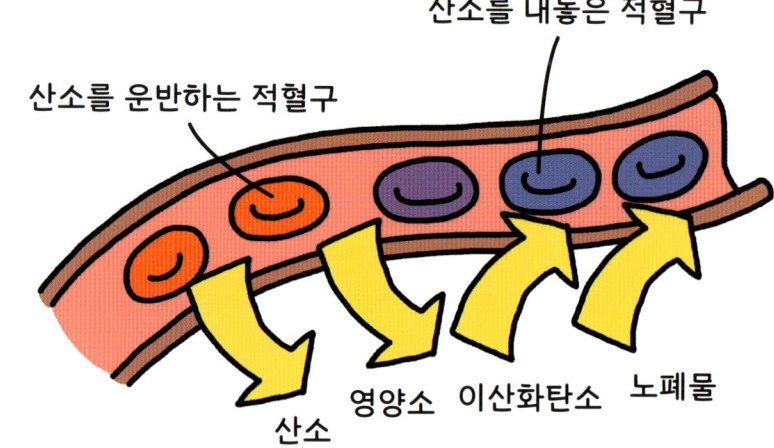

모세 혈관 속

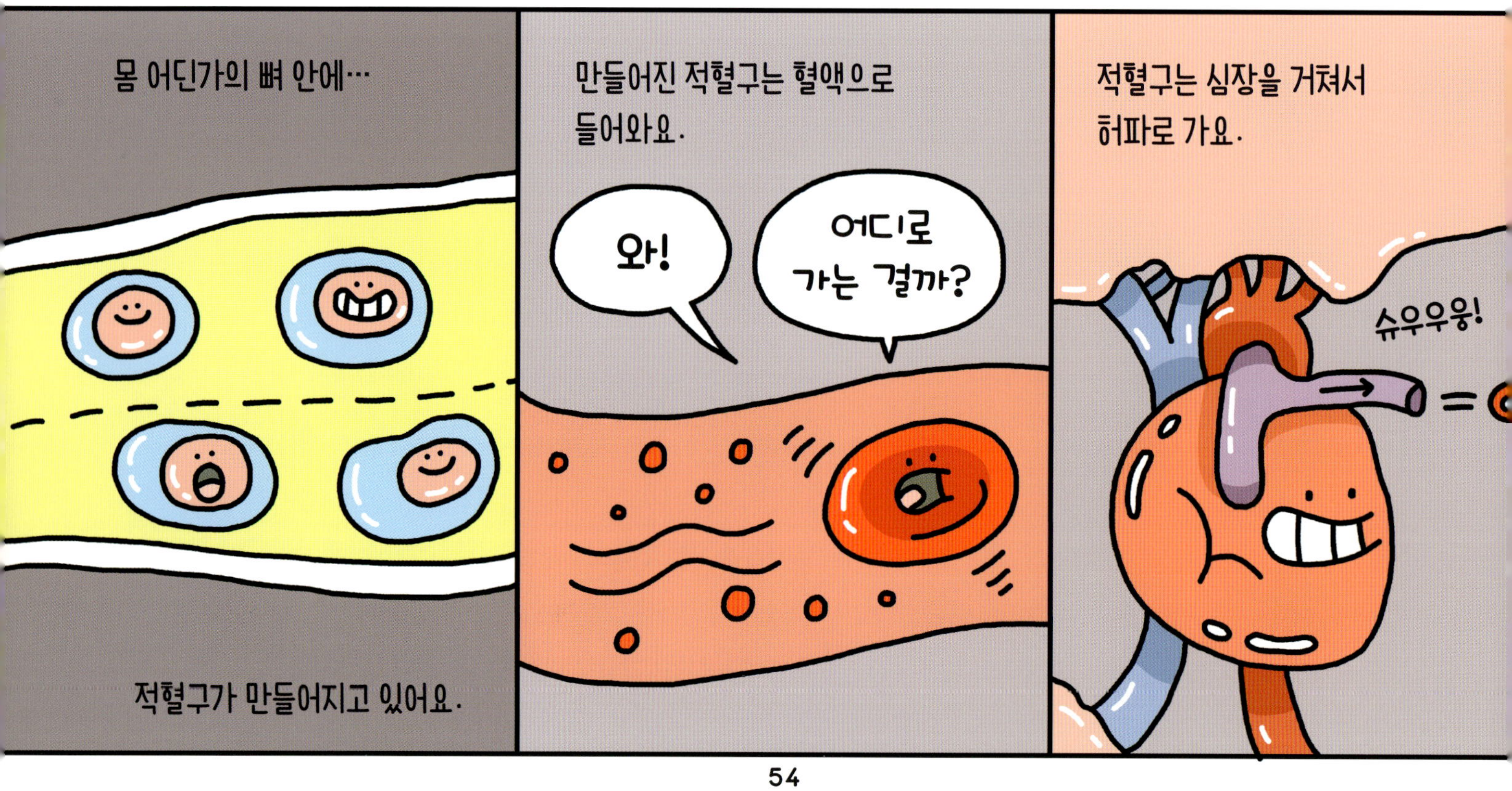

| 몸 어딘가의 뼈 안에… | 만들어진 적혈구는 혈액으로 들어와요. | 적혈구는 심장을 거쳐서 허파로 가요. |

적혈구가 만들어지고 있어요.

헤모글로빈

적혈구의 빨간 색깔은 적혈구 속에 있는 헤모글로빈에서 나와요. 헤모글로빈은 산소를 운반하는 역할을 하는데, 그 속에 철이 들어 있어요. 적혈구에 든 철은 아주 조금이지만, 적혈구는 아주 많아요. 몸에 든 철을 다 모으면 쇠못 한 개를 만들 수 있을 정도랍니다.

쇠못

10세 아이

망치질은 쇠못에만 할 수 있어요.

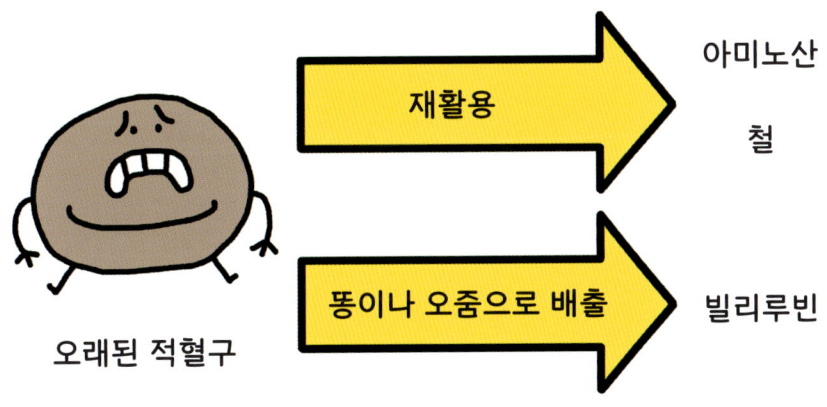

오래된 적혈구 → 재활용 → 아미노산, 철
→ 똥이나 오줌으로 배출 → 빌리루빈

재활용

죽은 적혈구는 대부분 재활용돼요. 분해되어 대부분의 성분이 뼈로 가지요. 이 성분은 새 적혈구를 만드는 데 쓰여요.

허파에서 산소를 받아요.

"이제 어디로 가지?"

적혈구는 산소를 떨구어요.

"고마워, 마침 산소가 똑 떨어졌거든."

그리고 이산화탄소를 받아요.

약 4개월 동안 쉴 새 없이 일한 뒤…

"너무 지쳤어."

적혈구는 삶을 마감해요.

감자칩의 끔찍한 여행
소화

감자칩은 거의 모두가 좋아하는 음식이지요.
하지만 감자칩이 입에 들어간 뒤 얼마나 끔찍한 여행을 할지 생각해 본 적이 있나요?

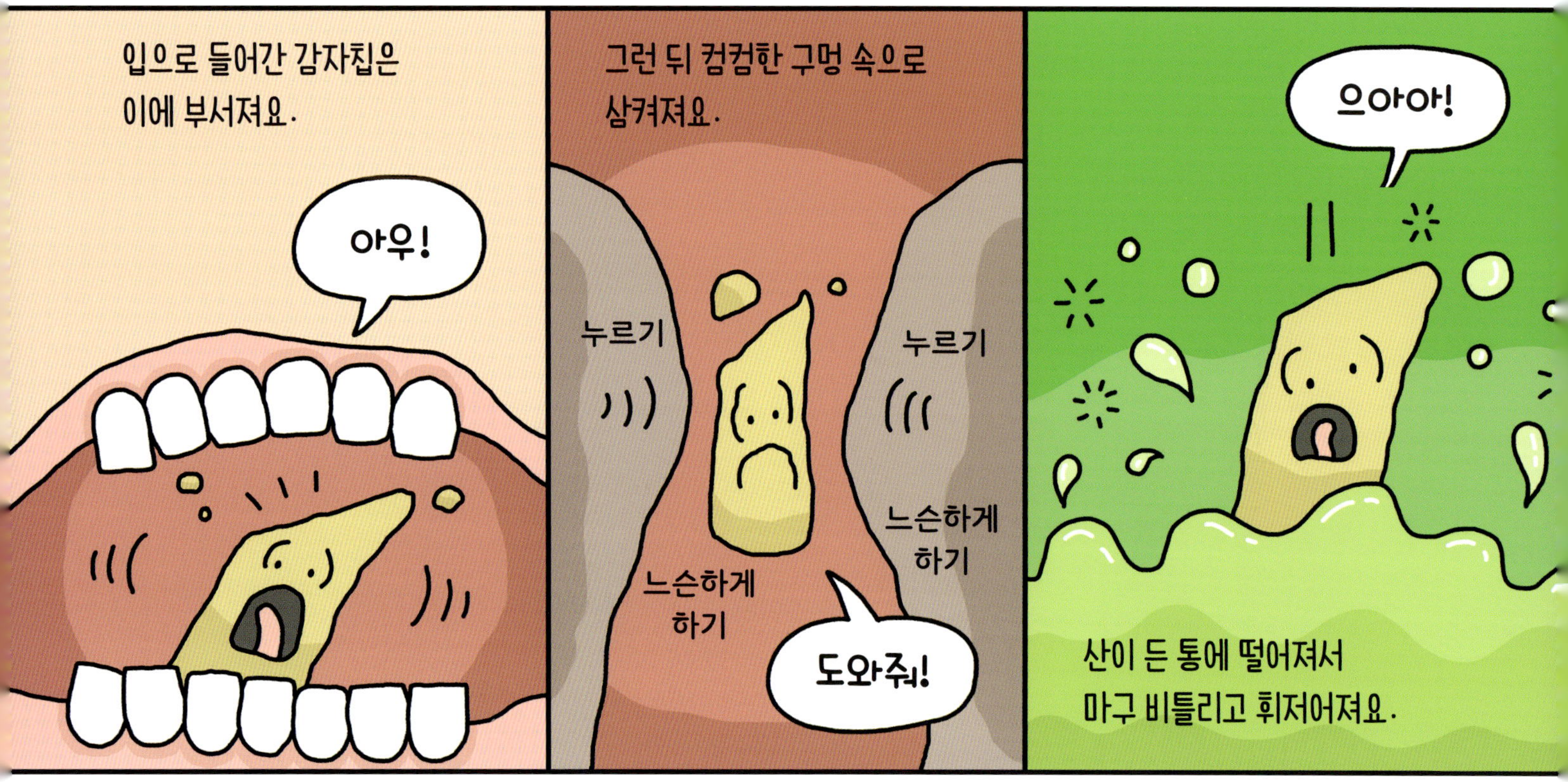

입으로 들어간 감자칩은 이에 부서져요. 아우!	그런 뒤 컴컴한 구멍 속으로 삼켜져요. 누르기 / 느슨하게 하기 도와줘!	으아아! 산이 든 통에 떨어져서 마구 비틀리고 휘저어져요.

이

이의 바깥층은 사람 몸에서 가장 단단한 부위예요. 영구치는 평생 써야 하니까요. 바깥층은 입에 사는 세균의 공격을 끊임없이 받아요. 이를 닦아야만 공격을 막을 수 있어요.

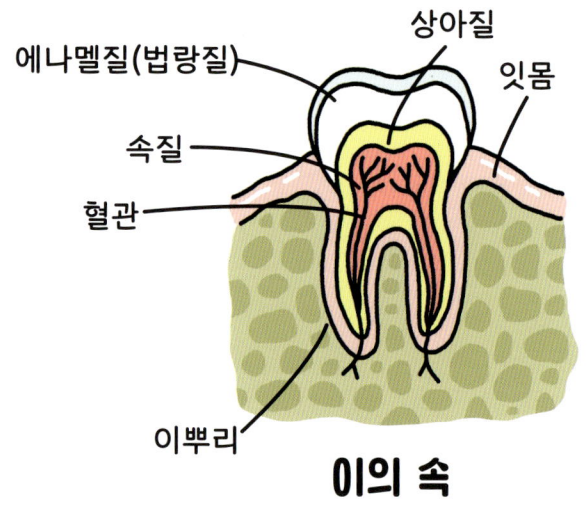

이의 속

(에나멜질(법랑질), 상아질, 잇몸, 속질, 혈관, 이뿌리)

융털

융털은 사람의 창자에 난 작은 털이에요. 음식물에서 좋은 물질을 빨아들이는 일을 해요. 맛이 좋은 물질이 아니라, 몸에 필요한 좋은 물질 말이에요. 이런 좋은 물질을 영양소라고 해요.

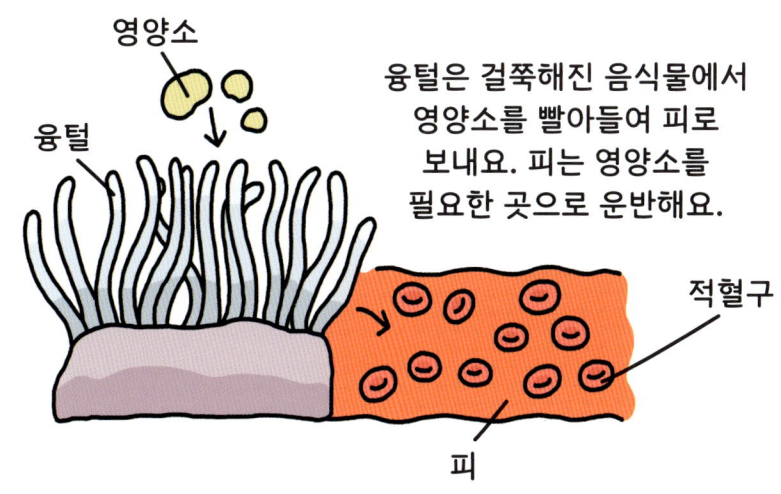

융털은 걸쭉해진 음식물에서 영양소를 빨아들여 피로 보내요. 피는 영양소를 필요한 곳으로 운반해요.

작은창자에 다다를 즈음에 칩은 더 이상 보이지 않아요.

걸쭉한 음식물*이 되었거든요.

* 미즙이라고 해요.

칩의 끔찍한 여행이 거의 끝나 가요.

큰창자

액체가 빨려나감

똥

"너무 어두워."

이제 탈출구*를 지나기만 하면 돼요.

* 항문이에요.

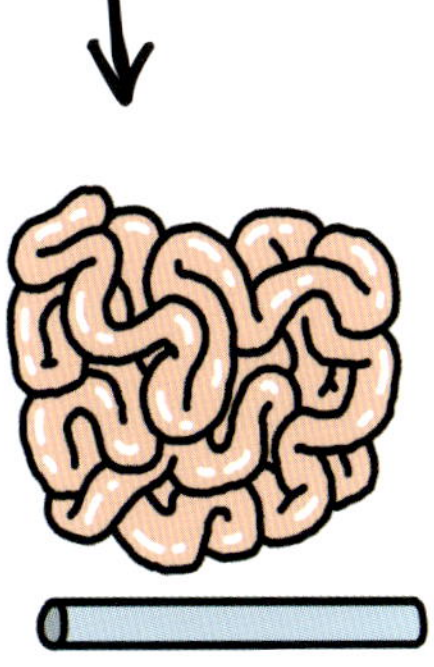

작은창자
큰창자보다 길지만 더 좁아요.

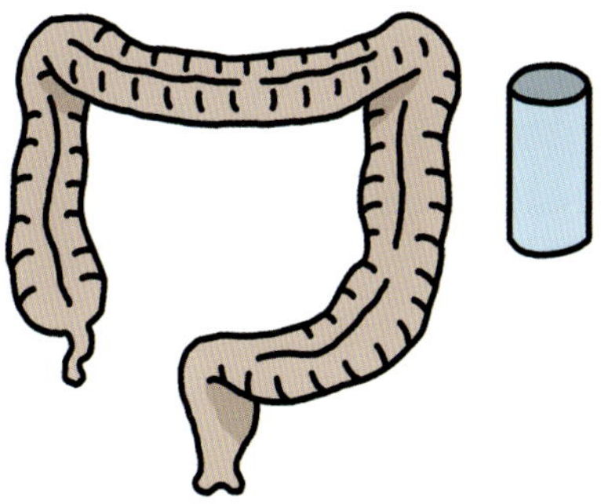

큰창자
작은창자보다 짧지만 더 넓어요.

근육질 문

똥은 왜 몸 밖으로 계속 흘러나오지 않을까요? 특수한 근육이 문을 꽉 닫고 있어서예요. 똥을 쌀 때가 되면, 뇌가 이 근육에 메시지를 보내요. '문 열어.' 하고요.

잘 먹기
음식과 영양

우리 몸이 식물처럼 스스로 먹이를 만든다고 상상해 봐요. 아침을 먹으려고 일찍 일어날 필요가 없겠지요. 하지만 사람은 영양소를 얻기 위해 음식을 먹어야 해요.

연료로서의 음식

음식은 몸의 연료예요. 에너지가 담겨 있지요. 자동차처럼 사람의 몸도 움직이려면 연료가 필요해요. 그런데 차의 연료통이 비거나 엉뚱한 연료를 넣으면, 엔진이 돌아가지 않거나 고장이 나겠지요? 우리 몸도 마찬가지예요.

영양소가 든 음식

음식은 몸에 에너지뿐 아니라 영양소도 제공해요.
영양소는 몸이 자라고, 건강해지기 위해 필요한 물질이에요.

건강한 음식과 건강하지 못한 음식

몸을 잘 움직이고 싶다면, 이런 음식을 매일 먹어야 해요.

- 신선한 과일과 채소(적어도 다섯 가지씩)
- 현미, 통밀빵이나 파스타
- 유제품(우유, 치즈, 요구르트) 조금
- 기름과 지방 조금

엉뚱한 연료를 넣은 차처럼 엉망으로 움직이고 싶다고요?
그럼 이런 음식을 먹어요.

- 설탕이 잔뜩 든 음료, 케이크, 과자
- 흰 빵(특히 하얀 밀가루로 만든 달콤한 빵)
- 기름에 잔뜩 튀긴 음식

한 사람의 일생
사람의 성장 과정

다른 동식물과 마찬가지로 사람도 살면서 모습이 달라져요. 좋은 일이에요. 아홉 살 때의 모습으로 평생 살아간다면 곤란하겠지요?

태어나기 전의 성장

사람의 삶은 두 세포가 만날 때 시작돼요. 남성의 정자와 여성의 난자가 만날 때 말이에요. 두 세포가 합쳐진 뒤 곧바로 발달이 시작돼요.

정자와 난자가 만나요.

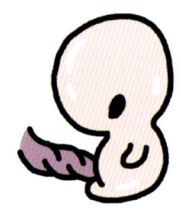
16주 뒤
손가락, 발가락이 생겨요.

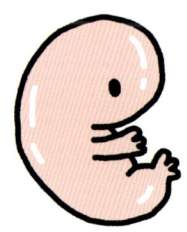
28주
뇌가 빠르게 발달해요.

32주
뼈가 다 만들어져요.

36주
근육이 다 만들어져요.

갓 태어난 아기는 들을 수 있지만, 아직 앞은 잘 못 봐요.

걷지도, 기지도 못해요.

2세쯤 되면, 아이는 대부분 걷고 말할 수 있어요.

뇌도 아주 빠르게 발달해요.

7세쯤에 뇌는 어른의 뇌와 크기가 거의 비슷해져요.

하지만 어른처럼 생각하지는 못해요.

11-17세 사이에 몸은 어른의 몸에 가까워져요.

하지만 청소년은 어른이 하지 않는 위험한 행동을 하곤 하지요.

20대에 몸은 다 자라요.

30대에서 60대 사이에 몸은 서서히 늙어 가요.

나이를 아주 많이 먹으면 몸은 잘 움직이지 못해요.

- 귀와 눈이 나빠짐
- 기억력이 나빠지고 생각이 느려짐
- 근력이 약해짐
- 관절에 문제가 많아짐

그러나 모든 사람이 똑같은 속도로 늙는 것은 아니에요. 그리고 예전만큼 튼튼하지 않아도, 많은 경험과 지식으로 남을 도울 수 있어요.

장수

왜 어떤 사람은 다른 사람보다 훨씬 더 오래 사는지, 아직 과학자들은 잘 몰라요. 장수하고 싶다면 둘 중 하나로 태어나면 돼요.

1) 여성(현재 세계에서 가장 나이가 많은 100명은 모두 여성이에요)
2) 일본인(그 100명 중 일본인이 25명을 넘어요)

낱말 풀이

가뭄 오랫동안 비가 내리지 않는 것.

곰팡이 물기가 있고 따뜻한 곳에서 생겨 물건이나 음식물을 상하게 하는 미생물.

관절 둘 이상의 뼈가 만나서 구부릴 수 있는 부위.

광합성 식물이 햇빛, 이산화탄소, 물을 이용하여 스스로 먹이를 만드는 과정.

꽃가루 꽃의 수술에서 만들어지는 가루 같은 물질. 암술에 달라붙어서 씨를 만든다.

꽃가루받이 수술의 꽃가루가 암술로 옮겨지는 것.

꿈틀 운동 소화계에서 근육이 수축과 이완을 하면서 음식물을 밀어내는 운동.

대기 지구를 둘러싼 공기층.

독 몸에 해를 끼치는 물질.

모충 나비나 나방의 애벌레(한살이 중 2단계).

무중력 중력을 느끼지 못하는 상태.

미생물 세균처럼 아주 작은 생물. 질병을 일으키는 것도 있다.

밀물 바닷물이 밀려들어서 바닷물의 높이가 높아지는 것.

바이러스 생물의 몸에 들어가서 불어나고 병을 일으킬 수 있는 아주 작은 것.

박동 심장이 뛰는 것.

번식 자식을 만드는 것.

빌리루빈 적혈구가 분해될 때 나오는 화학 물질 중 하나.

산소 지구 대기의 약 20%를 이루는 기체.

서식지 생물이 적응해 살아가는 특정한 지역.

세균 현미경을 써야 볼 수 있는 아주 작은 단세포 생물.

세포 모든 생물의 구성단위.

세포질 세포핵을 제외하고 세포 안에 든 모든 물질.

소화 먹이를 분해해서 영양소를 흡수하는 과정.

수온 물의 온도.

수축 줄어들어서 더 작아지는 것.

신경 몸속에서 신호를 보내는 일을 하는 섬유.

신경 세포 신경을 이루는 특수한 세포.

아가미 물고기나 어린 양서류가 물속에서 호흡을 하는 데 쓰는 기관.

아미노산 생물의 몸을 이루는 중요한 구성단위 중 하나. 근육을 만들고, 영양소를 운반하고, 질병을 막는 등의 일을 한다.

압력 미는 힘.

앵글로·색슨족 독일에서 영국으로 건너가 여러 왕국을 세운 게르만 민족의 한 분파.

약충 불완전 탈바꿈을 하는 곤충의 한살이에서 2단계.

에너지 자전거 페달을 밟거나 불을 피우거나 음식물을 소화하는 등의 일을 할 수 있는 능력.

영양소 생물이 살아가고 성장하는 데 필요한 물질.

위장 들키지 않게 주변과 비슷한 색깔이나 무늬, 모습을 띠는 것.

유제품 치즈, 버터, 요구르트 등 우유로 만든 식품.

이산화탄소 탄소가 연소를 할 때 생기는 빛깔과 냄새가 없는 기체.

이완 팽팽했던 근육이 느슨해지고 부드러워지는 것.

인대 뼈들을 연결하는 질긴 물질.

임팔라 아프리카에 사는 사슴처럼 생긴 동물.

점액 몸에서 나오는 끈적거리는 물질.

조상 아주 오래전에 살았던 친척.

종 분류 체계의 가장 아래쪽에 있는 단위. 서로 번식을 할 수 있는 생물들.

짝짓기 번식을 해서 다음 세대를 만드는 과정.

척박 땅이 기름지지 않아 식물이 잘 자라지 못함.

철 피에서 산소를 운반하는 등 몸에 필요한 화학 물질 중 하나.

탈바꿈 올챙이에서 개구리가 되는 것처럼 모습이 바뀌는 것.

포식자 다른 동물을 잡아먹는 동물.

피딱지 상처 난 부위에 피가 굳어서 딱딱해진 것.

찾아보기

ㄱ

기체 8, 21, 41
  산소 6, 26, 28, 51-55
  온실가스 40-41
  이산화탄소 7, 28, 40-41, 51, 53-55
기후 변화 42
곤충 22-23, 31-33, 39
  가면침노린재 12
  나비 22-23
  말벌 23
  매미 23
  메뚜기 27
  벌 32-33
  애벌레 22-23
  잠자리 22
곰팡이 21
공룡 9
광합성 7, 28

ㄷ

동물(각 동물 참조) 4-27, 42
  동물계 6
  똥 5, 8-9, 35, 38-39
  먹이 6-14, 25-27, 33, 39, 42
  물 14-21, 25, 42-43
  방귀 4, 8
  보호 12-13, 21, 25
  분류 6-7
  세포 14
  소금 16-17
  소화 8-9, 14, 35
  육식 동물 27
  이빨 7, 9, 11, 13, 18
  초식 동물 8-9, 26
  포식자 10-13, 20, 26-27
  피 14, 16-17
  호흡 6, 14, 18, 21
동물성 플랑크톤 26-27

ㅁ

먹이 사슬 26-27
물 14-21, 28-29, 33, 35-38, 42-45

ㅂ

바다 16-19, 24, 26-27, 33-34, 40, 43
바이러스 50
북극 지방 25, 42

ㅅ

사막 12, 14-15, 36, 42
산호초 43
상리 공생 39
생산자 27
서식지 42
소비자 27
세균 8, 21, 39, 50, 56
식물 4-9, 15, 25-43, 58-59
  꽃 29-33
  꽃가루 30-33, 50
  꽃가루받이 31-33
  뿌리 29, 36-37
  셀룰로스 8
  식물계 7
  식충 식물 39
  싹트기(발아) 29, 35
  씨 4, 15, 28-31, 34-35
식물 종
  너도밤나무 37
  네펜데스 라자 38-39
  두레박난초 32
  시체꽃 30-31
  악시나이아 아피니스 32
  양치기나무 36-37
  중국풍년화 35
  코코넛 34-35
  해초 33
식물성 플랑크톤 26, 40

ㅇ

양서류 20-21
  개구리 10, 13, 20-21
  도롱뇽 20
  두꺼비 20
  무족영원 20
어류(물고기) 11, 16-17, 21, 26-27
  상어 11, 17, 26-27, 35
온실 효과 40-41
인간(사람) 5, 7, 13-14, 17, 27, 38-39, 41, 43-61
  근육 48-49, 51-53, 57, 60
  뇌 44-45, 47, 50, 52, 57, 60
  똥 38, 55, 57
  뼈대 46-47, 51
  세포 45, 47, 54, 60
  순환계 52-53
  신경계 45
  신경 세포 45
  심장 44, 47, 52-54
  운동 48-49
  음식 56-59
  이 56
  재채기 5, 50-51
  적혈구 54-55, 57
  창자 57
  피 47, 52-57
  허파 47, 50-55
  혈관(핏줄) 53-54, 56
  호흡 14, 51-52
  힘줄 49

ㅈ

조류(새) 24-25, 31-33, 43
  닭 10-11
  두갈래꼬리바다제비 25
  바다오리 24-25
  알 19, 24-25
  타조 25
  펭귄 25
  포란반 24
  풀숲무덤새 25
  흰올빼미 25

ㅌ

탄소 40-41
탈바꿈 21-23

ㅍ

파충류 13
  거북 12-13
  도깨비도마뱀 15
  코브라 52
포유류 18-19
  개 6-7
  기린 8, 36-37
  나무딱쥐 5, 38-39
  낙타 14-16
  단공류 19
  물범 11, 26, 42
  바늘두더지 19
  북극곰 5, 11, 18-19, 27, 42
  사자 12, 27
  소 4, 8-9
  아르마딜로 13
  여우 10-11
  원숭이 27
  유대류 19
  인간 ('인간' 항목 참조)
  인도코뿔소 13
  임팔라 12
  재규어 27
  천산갑 13
  캥거루 19
  캥거루쥐 15
  코요테 12
  토끼 8-10
  회색곰 11
폭풍 43

ㅎ

한살이
  곤충 22-23
  사람 60-61
  양서류 20-21
  조류 24-25
  포유류 18-19
화석 연료 40-41

안녕!